우물가 이야기

우물가 이야기

1판 1쇄 발행 2024년 4월 25일

지은이 이수진

발행인 장진우
디자인 윤석운
펴낸곳 호산나(주)
주소 경기도 안양시 벌말로 123, A909호
전화 1644-9154
홈페이지 www.hosanna.net
인쇄 창영프로세스

가격 12,000원
ISBN 979-11-89851-56-9

• 호산나출판사는 "네 형제를 굳게 하라" (Strengthen your brothers) 는 주님의 말씀을 사명으로 알고, 좋은 도서를 출판하여 성도들에게 유익을 드리는 것을 늘 꿈꾸고 있습니다.
• 호산나출판사는 한몸 사역의 일환으로 진행되고 있습니다.

이수진 목사 지음

우물가 이야기

* 믿음의 여정에서 잠시 쉬고있는 분들에게
  믿음의 여정을 새롭게 시작하는 분들에게
  우물가 이야기가 들려지기를...
  (새가족 교육교재로 사용가능 합니다)

HOSANNA

하나님의 뜻..

주님의 이야기..

우물가 이야기...

기대와 소망..

그 큰일을 행하신 주께 감사

구원의 역사..

오직 주께만 영광..

한 영혼이라도 주께로 돌아온다면 그것으로 충분하고 가치로운 일..

하나님이 하시는 일..

구원의 통로, 축복의 통로가 되길..

그저 기도하고 꿈을 꿔 봅니다

그저 기도할 뿐이고 하나님이 다 하십니다

기도하면 하나님이 일하기 시작합니다

믿지 않는 가족들과 열방이 주께로 돌아오리라

알파와 오메가 되시는 하나님께서 처음과 끝을 주장하시리라

2024년 새 일을 행하실 주님을 기대하며 승리의 함성을 외치리라

"일어나라 빛을 발하라 이는 네 빛이 이르렀고 여호와의 영광이 네 위에 임하였음이니라" (이사야 60장 1절)

2024년 4월 25일

Grace Hall에서...

작은 불꽃 수진

감사의 글

하나님 : 모든 것이 하나님의 은혜입니다. 처음 시작할 때 그 끝을 알지 못했기에 힘겨운 순종의 모습이었습니다. 그럼에도 불구하고 하나님은 언제나 옳습니다. 너무도 연약한 저와 우리 가정을 구원의 통로, 축복의 통로로 사용해주셔서 감사합니다

정학재 목사님 : 길이 막혔다고 생각했을 때 아시아로 가려는 바울의 길을 막으시고 마게도냐로 부르신 하나님을 만나게 해주셔서 감사합니다. 바쁘신 가운데 귀한 추천사를 써주셔서 감사합니다

최중화 교수님 : 늘 한결같은 모습으로 진실되게 서 계신 모습에 감사드리고 응원과 힘을 주시고 귀한 추천사를 써주셔서 감사합니다.

김애란 목사님 : 부족한 저의 글을 잘 다듬어주시고 목회의 이상을 꿈꾸는 나에게 현실을 말씀해 주셔서 때때로 도움과 힘을 주시니 감사합니다

오성희 자매 : 필리핀 견습선교사시절 만나서 15년이 지난 지금.. 갑작스러운 나의 부탁에도 너무도 기쁘게 흔쾌히 캘리를 써주겠다고 했을 때 참 고맙고 큰 위로가 되었어. 꼭 멋진 믿음의 배우자를 만나길 기도할게

장진우 이사님 : 책 출판의 처음부터 끝까지 너무도 신실하게 도와주셔서 용기가 났습니다 수고 많이하신 책 디자이너에게도 감사합니다. 호산나 목회지원센터 사역이 너무 귀하고 아름답습니다.

6

문채욱 목사님 : 연애시절 종이학을 접어 선물하면서 내가 날아가다가 날개가 접히면 펴서 다시 잘 날 수 있도록 도와주겠다고 한 말을 지금까지 신실하게 기도와 사랑으로 지켜주셔서 감사하고 사랑합니다.

문채원 : 어릴 때부터 너무 순해서 '엄마사역 50%는 큰딸이 하는거야' 라고 생각했는데 지금까지 너의 존재 자체로 엄마에겐 큰 힘이 되었어. 고마워. 지금 너의 모습 그대로를 너무 사랑한다, 하나님이 동행하심으로 별과 같이 빛날 너의 미래를 축복하며 기도한다.

문하늘 : "엄마 책은 언제 나와?" 라고 가끔씩 뜬금없이 묻더니 너의 생일날이 출판일이 되었네, 너의 관심과 물음이 자신도 없고 확신 없던 엄마에게 큰 힘이 되었어. 고마워. 너무도 소중하고 사랑하는 내 딸. 하나님께서 너를 반드시 만나주시고 귀하게 사용 하실 것을 믿으며 축복하며 기도한다.

저희 가정을 위해 기도해주시고 사랑으로 섬겨주시는 많은 분들과 백양로 교회 성도님들과 김경남 집사님과 양가 가족들에게 진심으로 감사드립니다.

목차

I-1. 잃은 아들을 되찾은 아버지

일어나서 아버지께 돌아가니라

누가복음 15장 20절

인터넷으로 메일을 확인하다보면 가끔 이메일 하단에 있는 '미아를 찾습니다'라는 문구를 보게 된다. 아이의 사진과 프로파일을 자세히 들여다보면 깜짝 놀랄 때가 많다. 아이를 잃어버린 시간이 10년, 20년 이상이 될 때가 많기 때문이다. 어쩌면 장성한 어른이 되어 지금과는 얼굴이 많이 달라졌을지도 모르는 그 아이를 부모들은 오랜 시간 간절하게 찾고 있는 것이다. 어찌 부모가 그 자녀를 잊을 수 있겠는가! 주위 사람들은 어쩌면 '이제 그만하면 되었다. 이제 아이 찾는 것은 포기하고 일상에 충실하라'고 조언할지도 모른다. 그러나 부모가 어찌 그 사랑하는 자녀를 포기할 수 있겠는가! 그러기에 오늘도 우리는 수많은 '미아를 찾습니다'라는 문구를 우리 주변에서 발견한다.

성경에도 잃어버린 둘째 아들을 간절하게 찾는 아버지 이야기가 나온다. 어떤 사람에게 아들이 둘 있는데 그 둘째가 아버지에게 말하여 아버지 재산 중에서 자신에게 돌아올 몫을 달라고 요청하였다. 당시 유대 사회도 우리와 비슷하게 부모의 재산을 물려주는 경우 부모가 죽음을 앞두고 있을 때이다. 그런데 자녀가 먼저 부모에게 재산을 요청하는 것은 부모에게 '빨리 돌아가시면 좋겠다'고 말하는 것으로 들릴 수 있다. 아버지는 마음이 많이 상하였지만, 그보다는 아들을 걱정하는 마음이 더 컸다. '내 사랑하는 아들아, 아버지의 집을 떠나 세상 밖으로 나간다는 것은 너무 위험한 일이란다. 세상은 험하고, 춥고, 힘든 곳이란다. 나와 함께 우리 집에 거하면서 함께 지내자'고 만류하였다. 그러나 자식 이기는 부모가 어디 있겠는가! 아버지의 만류에도 끝끝내 고집을 피우는 작은 아들의 요청에 아버지가 살림을 두 아들에게 나누어 주었다. 그 후 얼마 못 가서 둘째 아들은 먼 지방으로 가 허랑방탕하게 살아 그 재산을 낭비하게 되었다. 그렇게 재산을 다 탕진한 그때, 그 나라는 크게 흉년이 들어 먹을 것 없을 정도여서 더욱 궁핍하게 살 수 밖에 없었다.

사람이 돈을 많이 가지고 있을 때는 주변에 친구도 많고 따르는 사람도 많지만, 정작 돈을 잃고 어려움에 빠지면 주변에 사람들이 다 떠나게 된다. 모든 것을 잃고 홀로 남은 그에게 도움을 주는 사람이 없었다. 극심한 빈곤에 허덕이던 그는 그 지방의 주민 가운데 한 사람을 찾아가 초라한 몸을 의지한다.

「예수께서 말씀하셨다. "어떤 사람에게 아들이 둘 있는데, 작은 아들이 아버지에게 말하기를 '아버지, 재산 가운데서 내게 돌아올 몫을 내게 주십시오' 하였다. 그래서 아버지는 살림을 두 아들에게 나누어 주었다. 며칠 뒤에 작은 아들은 제 것을 다 챙겨서 먼 지방으로 가서, 거기에서 방탕하게 살면서, 그 재산을 낭비하였다.

그가 그것을 다 탕진했을 때에, 그 지방에 크게 흉년이 들어서, 그는 아주 궁핍하게 되었다. 그래서 그는 그 지방에 사는 어떤 사람을 찾아가서, 몸을 의탁하였다. 그 사람은 그를 들로 보내서 돼지를 치게 하였다.

그는 돼지가 먹는 쥐엄 열매로라도 배를 채우고 싶은 마음이 간절했으나, 주는 사람이 없었다. 그제서야 그는 제정신이 들어서, 이렇게 말하였다. '내 아버지의 그 많은 품꾼들에게는 먹을 것이 남아도는데, 나는 여기에서 굶어 죽는구나.

내가 일어나, 아버지에게 돌아가서, 이렇게 말씀드려야 하겠다. 아버지, 내가 하늘과 아버지 앞에 죄를 지었습니다. 나는 더 이상 아버지의 아들이라고 불릴 자격이 없으니, 나를 품꾼으로 삼아 주십시오.'

그는 일어나서, 아버지에게로 갔다. 그가 아직도 먼 거리에 있는데, 그의 아버지가 그를 보고 측은히 여겨서, 달려가 그의 목을 껴안고, 입을 맞추었다.

아들이 아버지에게 말하였다. '아버지, 내가 하늘과 아버지 앞에 죄를 지었습니다. 이제부터 나는 아버지의 아들이라고 불릴 자격이 없습니다.'

그러나 아버지는 종들에게 명령하였다. '어서 좋은 옷을 꺼내서 그에게 입히고, 손에 반지를 끼우고, 발에 신을 신겨라. 그리고 살진 송아지를 끌어내다가 잡아라. 우리가 먹고 즐기자. 나의 이 아들은 죽었다가 살아났고, 내가 잃었다가 되찾았다.' 그래서 그들은 잔치를 벌였다.

큰 아들이 밭에 있다가 돌아오는데, 집에 가까이 이르렀을 때에, 음악 소리와 춤추면서 노는 소리를 듣고, 종 하나를 불러서, 무슨 일인지를 물어 보았다.

종이 그에게 말하기를 '아우님이 집에 돌아왔습니다. 건강한 몸으로 돌아온 것을 반겨서, 주인 어른께서 살진 송아지를 잡으셨습니다' 하였다.

　큰 아들은 화가 나서, 집으로 들어가려고 하지 않았다. 아버지가 나와서 그를 달랬으나, 그는 아버지에게 말하였다. '나는 이렇게 여러 해를 두고 아버지를 섬기고 있고 아버지의 명령을 한 번도 어긴 일이 없는데, 내게는 친구들과 함께 즐기라고, 염소 새끼 한 마리도 주신 일이 없습니다. 그런데 창녀들과 어울려서 아버지의 재산을 다 삼켜 버린 이 아들이 오니까, 그를 위해서는 살진 송아지를 잡으셨습니다.' 아버지가 그에게 말하기를 '얘야, 너는 늘 나와 함께 있지 않느냐? 또 내가 가진 모든 것은 다 네 것이 아니냐? 너의 이 아우는 죽었다가 살아났고, 내가 잃었다가 되찾았으니, 즐거워하고 기뻐하는 것이 마땅하지 않겠느냐?' 하였다."」(누가복음 15장 11절-32절,새번역성경)

　오늘도 하나님은 동구 밖 어귀에서 날마다 작은아들이 돌아오기만을 기다리는 아버지의 마음으로 우리를 기다리신다. 세상이 좋아서 집을 나간 자녀에게 속히 돌아오라고 나의 집에 함께 거하자고 말씀하신다. 우리의 험악한 인생 가운데 안전하고 편안한 안식처가 되어주시고, 어려움을 만날 때 피할 바위가 되어주시며, 어제나 오늘이나 내일이나 한결같이 우리를 사랑하시는 하나님 아버지이다. 하나님께로 나아오기만 하면 누구든지 하나님의 자녀로 받아주시고, 품어주시며, 용서하시고, 세상 끝날까지 우리를 떠나지도 버리지도 않으신다고 약속하시는 그 크신 아버지의 품으로 돌아오길 오늘도 기다리신다.

그 크신 아버지의 마음을 알 수 있다면, 우리가 세상에서 이렇게 헤매이거나 방황하지 않을 것이다. 우리의 지금의 상황과 형편이 어떠할지라도 지금 '사랑하는 나의 자녀야 오늘 나의 집에서 함께 거하자.'고 말씀하시는 하나님의 집, 거룩한 교회에서 하나님을 만나기를 소망한다. 하나님께서는 하늘에서 천국 잔치를 벌이시고, 내 사랑하는 아들이 죽었다가 살아났고, 잃어버렸다가 다시 찾았노라며 기뻐하실 것이다.

믿지 않는 많은 분들이 교회를 한번 가볼까? 라는 생각이 있어도, 자신이 죄가 많아서 못 간다고 이야기한다. 아직 술, 담배를 못 끊었고, 제사도 지내고, 여러 가지 문제들이 있어서 이것을 해결해야만 갈 수 있다고 생각하시는 듯 하다.

그러나 우리 하나님은 이 세상에 예수님을 보내신 것은 의인을 부르러 온 것이 아니라 죄인을 부르기 위한 것이다. 세상에 죄없는 사람은 없다. 그 죄가 죄가 많을수록, 더 크게 생각날수록 예수님 앞으로 와서 그 죄를 아뢴다면 예수님의 값없이 주시는 사랑의 은혜를 크게 경험 할 수 있을 것이다. 우리의 있는 모습 그대로를 사랑하시고 품어주시는 그분께 나아오기만 하면 되는 것이다. 용기를 내어서 교회 입구를 서성이기만 해도 우리 하나님께서 저 멀리서 알아보시고 달려와 사랑으로 안아주시며 '내 사랑하는 딸아! 내 사랑하는 아들아! 정말 잘 왔다. 아버지의 집으로 돌아온 것으로 충분하다. 용기를 내주어 고맙다'고 말씀하실 것이다.

오늘의 말씀

"이에 일어나서 아버지께로 돌아가니라
아직도 거리가 먼데 아버지가 그를 보고 측은히 여겨 달려가
목을 안고 입을 맞추니" (누가복음 15장 20절)

/ 말씀 되새김 /

1. 집나간 둘째 아들이 집으로 돌아왔을 때, 마을 어귀에서 자신을 기다리고 있는 아버지를 만났을 때 마음은 어떠했을까요?

....

....

....

2. 둘째아들이 돌아왔을 때 아버지는 아들에게 무슨말을 하였을까요?

....

....

....

3. 만약 내가 지금 하나님 아버지께로 돌아간다면 나에게 무슨 말씀을 하실까요?

....

....

....

I-2. 잃은 양을 찾은 목자

이와같이
죄인 한 사람이 회개하면

누가복음 15장 7절

요즘은 반려동물을 키우는 사람들이 많다. 반려견, 반려묘, 반려뱀, 반려여우..등 그 종류가 점점 다양해지고 있다. 반려동물을 아끼고 애지중지 기르는 사람에게 그들이 키우는 동물은 그저 동물이 아니라 가족이다. 그래서 자신들이 키우는 동물을 '아기'로 부르고 아기를 키우듯 소중하게 대하는 것을 종종 보게 된다.

언젠가 근처 시민공원에 갔다가 반려견을 키우는 사람들의 모임을 만난 적이 있다. 우연히 그들의 대화를 듣게 되었는데, 인터넷 카페를 통해서 반려견 키우는 정보를 나누고, 정기모임을 한다는 것이었다. 서로 자신의 반려견이 먹는 간식과 습관 등을 공유하기도 하고, 자신의 반려견을 자랑하기도 하였다. 그들이 대화하는 내용만 듣게 된다면 키즈카페에서 엄마들의 수다로 느껴질 정도였다. 그만큼 반려동물을 귀하고 소중하게 대하는 것이다.

주변에 반려견을 키우는 가정이 있는데, 아내는 강아지를 너무 좋아하고 아끼는데 비해 남편은 크게 좋아하지 않는 것 같았다. 남편은 아내가 강아지에게 너무 과하게 대한다고 투덜거린다. 겨울에 정작 본인들은 보일러를 잘 사용하지 않는다. 특히 부산은 많이 춥지 않고, 집이 따뜻한 환경이라 전기장판을 사용하는 경우가 많다. 그러나 강아지를 키우기 시작하면서, 강아지가 추울까 봐 보일러를 가동하고, 먹거리와 간식에 지출이 많다는 것이다. 예방접종이며 아플 때마다 동물병원에 데려가는데, 보험이 적용되지 않아서 그 비용이 엄청 비싸다는 것이다. 그래서 남편은 사람보다 더 대접받는 것 같아서 불만이고, 강아지에게 그렇게까지 애정을 쏟을 필요가 있냐며 볼멘소리를 하는 것이다. 두 명의 장성한 아들과 남편보다 더 사랑을 주는 것처럼 느껴졌던 것이다. 그러나 아내는 강아지를 너무도 아끼고 사랑하기 때문에 그 모든 비용을 지불하고도 전혀 아깝지 않다는 것이다. 어쩌면 막내딸을 키우듯 강아지를 키우는지도 모른다. 사람들은 자신이 중요하다고 생각하는 가치를 어디에 두느냐 따라 그 삶의 방향과 행동이 달라지는 것이다.

성경에는 잃은 양을 찾은 목자의 이야기가 있다. 예수님께서 이 이야기를 한 배경에는 사람들의 수근거림과 비아냥거림이 있었기 때문이다. 예수님께서 세리들과 죄인들을 가까이 하고, 그들에게 말씀을 전하니, 당시 지도자였던 바리새인들과 율법학자들은 투덜거렸다. "이 사람이 죄인들을 맞아들이고, 그들과 함께 음식을 먹는구나." 그래서 예수께서 그들에게 이 비유로 말씀하셨다.

100마리의 양을 키우는 목자가 있었다. 어느 날 들에서 양 떼를 돌보다 한 마리의 양이 보이지 않는 것을 발견하였다. 목자는 들에 아흔아홉 마리 양을 두고 잃어버린 한 마리 양을 찾아 나서는 것이다. '내 소중한 양이 가시덤불에 걸려 있으면 어쩌나? 벼랑 끝에서 벌벌 떨고 있는 것은 아닌지.. 사나운 들짐승에 물려가지는 않았을까?' 불안한 마음에 온갖 생각을 하며 수풀 속을 헤메이다 가시나무에 찔리기도 하고, 넘어져 온몸에 상처투성이가 되었지만, 목자는 그 잃은 양을 찾을 때까지 찾아다니는 것이다. 마침내, 벼랑 끝에서 어찌할 바 몰라하며 두려움에 떨면서, 혼자 "음메,음메"를 외치는 양의 목소리를 듣고 목자는 양을 구하기 위해 달려갔다. 목자는 너무 기뻐서 찾은 양을 어깨에 메고 집을 돌아와서 친구들과 이웃 사람을 불러 모았다. 큰 잔치를 열고 "나와 함께 기뻐해 주십시오. 잃었던 내 양을 찾았습니다!"라고 소리쳤다.

목자는 남은 99마리 양을 지키는 것도 중요하지만, 잃어버린 한 마리 양을 찾는 것을 더 중요하게 여겨서 그 양을 찾을 때까지 찾아다닌다는 것이다. 그 양이 지금 어떤 어렵고, 힘든 상황에 있는지 알지 못하기에 더 가슴 졸이며 찾아 헤맸던 것이다.

그러나 99마리 양을 들에 두고 한 마리 양을 찾아 다니는 것은 비현실적으로 보인다. 한 마리 양을 찾으러 갔다가 99마리를 모두 잃어버릴 수 있는 위험이 있기 때문이다. 한 마리 양을 찾으러 간다고 해도, 이미 늑대나 이리에게 물려가 찾지 못할 가능성도 있다. 무엇보다, 잃은 양을 찾다가 목자의 생명을 사나운 짐승에게 빼앗길 수도 있는 위험성이 있다. 그러나 목자는 자신에게 더 큰 이익을 얻기 위해 양 떼를 돌보는 것이 아니라 한 마리, 한 마리의 양을 진실로 아끼고 자신의 목숨보다 소중하기에 돌보는 것이다.

당시 유대 사회 지도자들은 하찮게 여기고 사람 취급하지 않는 죄인들과 세리(로마제국에 속해있는 지방에서 세금을 걷는 일을 함, 유대인 입장에서 그들은 압제자인 로마의 이익을 위해 동족을 착취함으로, 무시하고 멸시함)들을 가까이하는 예수님이 못마땅하고, 불편하였을 것이다. 사람으로 가치가 없다고 여겨지는 자들에게 친절히 대하며, 하나님의 말씀을 전하는 것은 무가치한 일이며, 쓸데없는 행동으로 보인 것이다. 가치 있는 사람들, 즉 의인이라 불리는 율법학자, 바리새인 등 자신들과 함께하며 식사하는 것이 훨씬 가치 있고 유익하다고 생각했다.

그러나 예수님은 잃은 양을 찾는 목자 이야기를 통해서 말씀하신다. "내가 너희에게 말한다. 이와같이 하늘에서는, 회개가 필요가 없는 의인 아흔아홉보다, 회개하는 죄인 한 사람을 두고 더 기뻐할 것이다."

세상이 중요하다고 이야기하는 것들과 세상이 말하는 가치와 예수님의 생각은 다르다. 세상은 강한 것이 약한 것 보다 더 가치있다고 이야기하고, 더 많이 가져야 행복하다고 말한다. 그러나 예수님은 언제나 우리의 연약한 것을 더욱 사랑하고, 우리의 약함이 곧 강함이라고 말씀하신다. 예수님은 더 많이 가져야 행복한 것이 아니라 더 많이 나누는 것이 행복이라고 하신다. 세상은 힘 있고 권력 있는 사람들과 가까이 하는 것이 유익이라 말하지만, 예수님은 힘없고 가진 것 없는 고아와 과부와 나그네를 가까이 하고 돌보라고 말씀하신다.

예수님께서는 하늘과 땅의 모든 권세를 가지셨으나 모든 것을 버리고 이 땅에 오셨다. 예수님께서 이 땅에 오신 것은 나 같은 죄인 한 사람을 위해 피투성이로 십자가를 지시고 우리의 죄를 대신하여 십자가에 달리심은 우리를 살리시기 위함이다.

"내가 너희에게 이르노니 이와 같이 죄인 한 사람이 회개하면
하늘에서는 회개할 것 없는 의인 아흔아홉으로 말미암아
기뻐하는 것보다 더하리라" (누가복음 15장 7절)

/ 말씀 되새김 /

1. 나는 99마리 양과 잃어버린 한 마리 양 중에서 어디에 속한다고 생각하나요?

....

....

....

2. 만약 내가 잃어버린 양이라면, 나를 찾기 위해 상처투성이가 되도록 헤매이며,
끝까지 나를 포기하지 않고 찾아내서 구해준 목자에게 하고 싶은 말은 무엇인
가요?

....

....

....

3. 의로운 사람을 위해서 예수님이 이 땅에 오신 것이 아니라 죄인을 위해 예수님
이 십자가를 지셨다는 말씀이 어떻게 받아들여지는 써보세요

....

....

I-3. 우물가 이야기

내가 주는 물을 마시는 자는
영원히 목마르지 아니하리라

요한복음 4장 14절

요즘은 어디를 가든지 맛집이 유행이다. 그 지역에 어느 식당이 맛이 있다고 하면 전국에서 수많은 사람들이 입소문을 듣고 모여든다. 우리 역시 몸담고 사는 곳에서 어느 식당을 갔는데 가격도 괜찮고 맛이 좋다면 주변 지인에게 소개한다. 그 식당이 어떤 음식이 맛있고 좋으니 꼭 한번 가보라고 추천하기도 하고, 약속을 잡아서 함께 가기도 한다. 내가 경험한 그 맛, 좋은 장소를 자랑하고도 싶고, 내가 경험한 만족과 기쁨을 함께 나누고 싶기 때문이다.

우리는 좋은 것이 있으면 주변에 알려서 그 좋은 것을 다른 사람들도 누렸으면 좋겠다는 기대가 있다. 그래서 내가 믿는 예수, 내가 맛본 예수를 전하려 하면, 믿지 않는 사람들이 교회 다니는 사람들은 유별나다고 말할 때가 있다. 예수가 좋으면 자기만 믿으면 될 것이지, 왜 전도를 하고, 같이 가자고 권유하는지 모르겠다는 것이다. 불교도, 천주교도 열정적으로 전하지 않는데 기독교만 유독 열심이라는 것이다. 그렇게 느낄 수 있다고 생각한다. 그러나 예수님의 사랑을 경험한 사람은 그 사랑이 너무도 좋아서, 예수님이 주시는 위로와 평강이 세상이 주는 것과는 비교할 수 없어서 그 사랑을 전하고, 자랑하고 싶은 것이다. 다른 사람들도 그 사랑을 꼭 한번 경험했으면 좋겠다는 간절한 바램이 큰 까닭인데 그래서 더 안타까울 때가 많다.

세상 그 무엇과도 바꿀 수 없는 예수님의 그 크신 사랑을 경험한 사람이라면 그 사랑을 전하지 않고, 자랑하지 않고는 견딜 수가 없다. 물론 방법적인 면에서 불쾌감을 준다거나 강압적인 느낌을 주는 기독교인들이 있을 수 있다. 그래서 유감스럽게 생각하고 믿지 않는 분들에게 미안한 마음이 들 때도 있고, 부끄러워 숨고 싶을 때도 있다. 그러나, 분명한 것은 믿지 않는 그 사람들도 예수님의 사랑을 한번 경험하고 나면 그의 사랑 모두에게 전하고 싶어서 견딜 수 없을 것이다.

「유대를 떠나, 다시 갈릴리로 가기로 하셨다. 그렇게 하려면, 사마리아를 거쳐서 가실 수밖에 없었다. 예수께서 사마리아에 있는 수가라는 동네에 이르셨다. 이 동네는 야곱이 아들 요셉에게 준 땅에서 가까운 곳이며, 야곱의 우물이 거기에 있었다.

예수께서 길을 가시다가, 피로하여 우물가에 앉으셨다. 정오쯤이었다. 사마리아 여자 하나가 물을 길으러 나왔다. 예수께서 그 여자에게 물을 좀 달라고 말씀하셨다.제자들은 먹을 것을 사러 동네에 들어가서, 그 자리에 없었다.

사마리아 여자가 예수께 말하기를 "선생님은 유대 사람인데, 어떻게 사마리아 여자인 나에게 물을 달라고 하십니까?" 하였다. (유대 사람은 사마리아 사람과 상종하지 않기 때문이다.)

예수께서 그 여자에게 대답하셨다. "네가 하나님의 은사를 알고, 또 너에게 물을 달라는 사람이 누구인지를 알았더라면, 도리어 네가 그에게 청하였을 것이며, 그는 너에게 생수를 주었을 것이다."

여자가 말하였다. "선생님, 선생님에게는 두레박도 없고, 이 우물은 깊은데, 어떻게 나에게 생수를 구해 주시겠습니까?

선생님이 우리 조상 야곱보다 더 위대한 분이라는 말입니까? 그는 우리에게 이 우물을 주었고, 그와 그 자녀들과 그 가축까지, 다 이 우물의 물을 마셨습니다."

예수께서 말씀하셨다. "이 물을 마시는 사람은 다시 목마를 것이다.

그러나 내가 주는 물을 마시는 사람은, 영원히 목마르지 않을 것이다. 내가 주는 물은 그 사람 속에서, 영생에 이르게 하는 샘물이 될 것이다."

여자가 말하였다. "선생님, 그 물을 나에게 주셔서, 내가 목마르지도 않고, 또 물을 길으러 여기까지 나오지도 않게 해주십시오."

예수께서 그 여자더러 "가서, 네 남편을 불러오너라" 하시니,

여자가 대답하기를 "나에게는 남편이 없습니다" 하였다. 예수께서 여자에게 말씀하셨다. "남편이 없다고 한 말이 옳다.

너에게는 남편이 다섯이나 있었고, 지금 같이 살고 있는 남자도 네 남편이 아니니, 제대로 말하였다."

여자가 말하기를 "선생님, 내가 보니, 선생님은 예언자이십니다.

우리 조상은 이 산 위에서 예배를 드렸는데, 선생님네 사람들은 예배드려야 할 곳이 예루살렘에 있다고 합니다" 하였다.

예수께서 말씀하셨다. "여자여, 나의 말을 믿어라. 너희가 이 산 위에서도 아니고 예루살렘에서도 아닌 데서 너희가 아버지께 예배를 드릴 때가 올 것이다.

너희는 너희가 알지 못하는 것을 예배하고, 우리는 우리가 아는 분을 예배한다. 구원은 유대 사람에게서 나기 때문이다.

참되게 예배를 드리는 사람들이, 영과 진리로 아버지께 예배를 드릴 때가 온다. 지금이 바로 그 때다. 아버지께서는 이렇게 예배를 드리는 사람들을 찾으신다.

하나님은 영이시다. 그러므로 하나님께 예배를 드리는 사람은 영과 진리로 예배를 드려야 한다.”

여자가 말하기를 “나는, 그리스도라고 하는 메시아가 오실 것을 압니다. 그가 오시면, 우리에게 모든 것을 알려 주실 것입니다” 하니

예수께서 “너에게 말하고 있는 내가 그다” 하고 말씀하셨다.

이 때에 제자들이 돌아와서, 예수께서 그 여자와 더불어 말씀을 나누시는 것을 보고 놀랐다. 그러나 예수께 “웬일이십니까?” 하거나, “어찌하여 그 여자와 말씀을 나누고 계십니까?” 하고 묻는 사람이 하나도 없었다.

그 여인은 물동이를 버려 두고 동네로 들어가서, 사람들에게 말하였다.

“내가 한 일을 모두 알아맞히신 분이 계십니다. 와서 보십시오. 그분이 그리스도가 아닐까요?”

사람들이 동네에서 나와서, 예수께로 모여들었다.」 (요한복음 4장 3절-30절, 새번역성경)

남편이 다섯이나 있었고, 지금 살고 있는 여섯 번째 남편도 자

신의 남편이라고 말할 수 없어 숨기는 여인, 사람들의 따가운 눈총을 피해 아무도 없는 시간, 가장 더운 정오에 물을 길으러 가는 사마리아 여인에게 예수님이 찾아가셨다. 아무도 찾는 이가 없고, 찾아 갈 곳도 없는 이 여인에게 예수님이 먼저 찾아가 만나주신 것이다. 그녀는 조상으로부터 들려오던 이야기, 모든 사람의 구원자가 되시는 예수님 이야기를 귀로만 들었는데, 이제 눈으로 보게 된 것이다. 예수님을 직접 만나고 나니 그분이 정말 메시야이며, 구원자라는 것을 저절로 깨닫게 되었다.

우리에게 영원히 목마르지 않는 생수, 영원한 생명을 주시는 예수님을 만나게 되면 지금까지 살았던 것과는 다른 새로운 세상이 보이게 된다. 보이는 세상에 집중하던 눈이 보이지 않는 세계를 향한 믿음과 갈망이 생기는 것이다. 하나님은 세상 모든 사람들이 예수님을 믿고 구원을 얻기를 간절히 원하신다. 그래서 오늘도 아무도 찾아가는 이가 없는 사람들을 만나주시고, 구원을 베풀어 주신다. 세상(世上)을 따라 창녀와 같은 삶을 살아온 사마리아 여인은 부끄러운 과거를 사랑으로 치유해주신 예수님을 전하지 않을 수 없었던 것이다.

이 여인이 예수님을 만나고 나니 예수님을 자랑하지 않고는 견딜 수 없어서 자신이 피해 다니던 사람들을 찾아가서 예수님을 전하게 된 것이다. 누구든지 예수 그리스도를 만나게 되면 그분을 전하지 않고는 견딜 수 없어 믿지 않는 사람들을 찾아가 예수님을 전하게 되는 것이다.

"작은 불꽃 하나가 큰 불을 일으키어 곧 주위 사람들 그 불에 몸 녹이듯이
주님의 사랑 이같이 한 번 경험하면 그의 사랑 모두에게 전하고 싶어라
친구여 당신께 이 기쁨 전하고 싶소 내 주는 당신의 의지할 구세주라오
산위에 올라가서 세상에 외치리 내게 임한 주의 사랑 전하기 원하네"
(찬양 작은불꽃 하나가, Kurt Kaiser)

"내가 주는 물을 마시는 자는 영원히 목마르지 아니하리니
내가 주는 물은 그 속에서 영생하도록 솟아나는 샘물이 되리라"

(요한복음 4장 14절)

/ 말씀 되새김 /

1. 공기는 우리주변에 늘 함께 있지만 눈에 보이지 않습니다. 하나님은 늘 우리와 함께 계시지만 눈에 보이지 않습니다. 눈에 보이지 않는 하나님이 계시다는 것을 믿나요?

....

....

....

2. 예수님은 어떤 사람들을 찾아가시고 만나주실까요?

....

....

....

3. 오늘 말씀 중 한 단어를 묵상하고, 기도해 보세요

....

....

I-4. 오천명을 먹이시다

목자 없는 양같음으로
인하여 불쌍히 여기사

마가복음 6장 34절

대학원 시절 기숙사에서 생활할 때 생활관 나의 방 뒤쪽에는 산이 있었다. 기숙사 베렌다 문밖으로 보이는 산을 자주 바라보곤 하였다. 그러던 어느 날 그 산을 한번 올라가고 싶다는 생각이 들었다. 나는 산행을 좋아하지도 않았고, 혼자서 산을 오른다는 것은 한번도 생각해 본 적이 없었다. 그러나 그 산을 매일 보고 있으니 그 산 위를 오르고 싶다는 생각이 강하게 들기 시작한 것이다.

하루는 수업이 없는 아침, 오늘은 꼭 저 산을 한번 올라가 보리라 다짐을 하고 산행을 시작하였다. 처음 입구는 정돈이 되어있고 길이 잘 나 있었다. 그러나 얼마쯤 올라가니 어디로 가야 하는지 길을 찾기가 쉽지 않았다. 더군다나 혼자 산에서 길을 잃어버리는 것은 아닌가 두려움마저 들었다. 그때 앞서 산행을 한 누군가가 나무에 묶어 놓은 노란색 리본을 발견하였다. 저 노란색 리본을 보고 올라가면 정상에 안전하게 이를 수 있다는 확신이 들었다. 정말 노란색 리본을 따라갔더니 안전하게 정상에 오를 수 있었고, 내려올 때도 헤매이지 않고 내려왔다. 그때 나는 나보다 앞서서 등산길에 오른 그 누군가가 얼마나 고맙게 여겨졌는지 모른다.

목자 없이 길을 잃은 양 같은 우리의 인생을 불쌍히 여기시고 가르치시고 길을 인도하시는 예수님 이야기가 있다. 예수님과 그를 따르는 제자들이 가는 곳에는 언제나 사람들이 많이 모였다. 그곳에는 기적이 일어나고, 세상에서는 한번도 듣지 못했던 놀라운 이야기를 들을 수 있었기 때문이다.

「 사도들이 예수께로 모여와서, 자기들이 한 일과 가르친 일을 다 보고하였다.

그 때에 예수께서 그들에게 "너희는 따로 외딴 곳으로 가서, 좀 쉬어라" 하고 말씀하셨다. 거기에는 오고가는 사람이 하도 많아서 음식을 먹을 겨를조차 없었기 때문이다.

그래서 그들은 배를 타고, 따로 외딴 곳으로 떠나갔다.

그런데 많은 사람이 보고서, 그들인 줄 알고, 여러 성읍에서 길을 따라 그 곳으로 함께 달려가서, 그들보다 먼저 그 곳에 이르렀다.

예수께서 배에서 내려서 큰 무리를 보시고, 그들이 마치 목자 없는 양과 같으므로, 그들을 불쌍히 여기셨다. 그래서 그들에게 여러 가지로 가르치기 시작하셨다.

날이 이미 저물었으므로, 제자들이 예수께 다가와서 아뢰었다. "여기는 빈 들이고 날도 이미 저물었습니다.

이 사람들을 흩어, 제각기 먹을 것을 사 먹게 근방에 있는 농가나 마을로 보내시는 것이 좋겠습니다."

예수께서 "너희가 그들에게 먹을 것을 주어라" 하시니, 제자들이 "그러면 우리가 가서 빵 이백 데나리온(한 데나리온: 노동자의 하루 임금) 어치를 사다가 그들에게 먹이라는 말씀입니까?" 하였다.

예수께서는 그들에게 "너희에게 빵이 얼마나 있느냐? 가서, 알아보아라" 하고 말씀하셨다. 그들이 알아보고 "빵 다섯 개와 물고기 두 마리가 있습니다" 하고 말하였다.

예수께서는 제자들에게 명하여, 모두들 떼를 지어 푸른 풀밭에 앉게 하셨다.

그들은 백 명씩 또는 쉰 명씩 떼를 지어 앉았다.

예수께서 빵 다섯 개와 물고기 두 마리를 손에 드시고, 하늘을 우러러 감사 기도를 드리신 뒤에, 빵을 떼어서 제자들에게 주시면서, 사람들에게 나누어 주게 하셨다. 그리고 그 물고기 두 마리도 모든 사람에게 나누어 주셨다.

그들은 모두 배불리 먹었다. 빵 부스러기와 물고기 남은 것을 주워 모으니, 열두 광주리에 가득 찼다.빵을 먹은 사람은 남자 어른만도 오천 명이었다.」

(마가복음 6장 30절-44절, 새번역 성경)

예수님은 소년이 점심으로 가져온 빵 다섯 개와 물고기 두 마리로 오천 명이 넘는 사람을 먹이셨다. 이런 기적을 보인 것은 예수님이 하나님의 아들이라는 것을 증명하거나, 예수님의 능력을 과시하기 위함이 아니었다. 예수를 따르던 수많은 사람들은 먹을 것이 없어서, 병 고침을 받기 위해서, 하나님 나라 이야기를 듣기 위해서 예수님을 따라온 것인데 그들은 날이 저물도록 빈 들에서 오랜 시간을 보내며, 지쳐가고 있었다. 예수님은 그 무리들이 가까운 마을로 가다가 기진하여 쓰러질까, 먹을 것을 구하지 못하고 헤매일까

해서 빈 들에서 기적을 보이신 것이다.

예수님은 언제나 목자 없는 양 같이 방황하는 무리들을 긍휼히 여기시고 불쌍히 여기셔서 먹이시고, 병을 고쳐주시고, 하나님 나라를 말씀해 주셨다. 또한 그들이 가야 할 길을 가르치시고 인도하신다.

누구에게나 인생은 매 순간이 첫 걸음이고, 인생의 길목에서 때로 어디로 가야 할지 몰라 헤매며, 어느 곳으로 가야 가장 안전한 곳인지 알지 못한다. 분명히 이 길이 가장 좋은 길이라고 확신하며 갔지만, 실패하며 좌절할 때도 많고, 갈 바를 알지 못해 방황하다 시간을 허비할 때도 많다. 예수님은 우리 인생의 길이요, 진리요, 생명이 되셔서 가장 선한 길로 인도하신다. 그러기에 우리는 예수님이 가신 길을 바라보고 따라가면 되는 것이다. 그 길 끝에는 천국의 소망이 있고, 그 길 끝에서 나를 가장 사랑하시고, 나를 안으시는 하나님이 계신다. 그 따스한 품속에서 이 세상에서 때때로 힘들기도 하고, 기쁘기도 하고, 넘어지기도 하고, 일어서기도 하며 살았던 나그네 같은 삶이 아니라 영원한 소망과 온전한 기쁨을 하나님과 더불어 누리며 살게 될 것이다.

"예수께서 나오사 큰 무리를 보시고 그 목자 없는 양 같음으로 인하여 불쌍히 여기사 이에 여러 가지로 가르치시더라"

(마가복음 6장 34절)

"예수께서 이르시되 내가 곧 길이요 진리요 생명이니 나로 말미암지 않고는 아버지께로 올 자가 없느니라"

(요한복음 14장 6절)

/ 말씀 되새김 /

1. 등산을 할 때, 앞선 사람이 길을 안내해준다면 마음이 어떨 것 같나요?

2. 내 인생에서 먼저 길을 간 선배로서 내 삶을 지도하고, 인도해준 사람은 누구인가요?

3. 예수님께서 기적을 베푸시고, 수많은 병자를 고치신 이유는 무엇일까요?

I-5. 하나님이 세상을 이처럼 사랑하사

하나님이 세상을
이처럼 사랑하사

요한복음 3장 16절

사람의 사랑은 한계가 있다. 아내가 남편을, 남편이 아내를, 부모가 자녀를 사랑하지만 그 사랑은 한계가 있다. 때로는 내가 너무도 사랑하는 부모님이지만 상처를 받기도 하고, 때로는 부모님도 자녀들의 말에 상처를 받기도 한다. 요즘 아이들은 '마음의 상처'를 '마상'이라고 줄여서 말하곤 한다. 나도 아이들의 말에 상처를 받을 때가 있다. 우리 둘째 딸이 고기를 좋아하고 야채를 잘 안 먹는다. 그래서 나는 더운 여름에 아이에게 어떻게든 신선한 야채를 조금이라도 더 먹게 하려고 맛있게 요리하고, 최선을 다해 밥상을 차려 주는데 우리 딸이 "엄마 반찬은 맛이 없어"라고 한다. "왜 맛이 없냐"고 물으니 고기는 없고 야채만 있기 때문이란다. 그 말에 나는 '마상'했다. 이 더운 여름에 얼마나 땀을 흘리고 최선을 다했는데, 딸의 말에 마음이 상했다.

때로는 사랑하는 가족이지만 함께하는 것이 고통일 때도 있다. 사람의 사랑은 결코 완벽하지도 않고, 영원하지도 않으며, 한계를 가진다. 사랑하지만, 상처를 주기도 하고 받기도 한다. 사람의 사랑은 그런 것이다. 남편과 아내가, 자녀가, 부모님이 내가 바라는 방식으로 사랑해주면 좋겠지만 혹 그렇지 않더라도 거기에 너무 얽매이거나 마음 아파하지 말고 하나님의 온전한 사랑으로 채우길 소망한다. 하나님의 사랑은 온전하고, 완전하며 전능하셔서 그분의 사랑이 우리에게 오면 마음이 평안해진다. 하나님의 사랑은 상처도 없고 아픔도 없고 슬픔도 없다. 하나님의 사랑이 내 안에 충만하면 기쁨과 행복으로 가득해진다. 그 사랑이 바로 하나님의 사랑이고,

그 사랑의 하나님의 나라에서 영원히 살기를 바라는 아버지의 마음이 하나님의 마음이다.

성경은 1,189장으로 구성되어 있고, 1장에는 수 많은 절들로 구성되어 있다. 너무도 두꺼운 성경책을 다 읽기도 어렵고 이해하기도 어려우니 누군가 나에게 핵심만 말해보라고 한다면, 핵심에 가까운 구절은 요한복음 3장 16절이라고 말할 수 있을 것 같다.

하나님께서 우리에게 성경을 주신 핵심, 말씀하시고자 하는 핵심인 요한복음 3장 16절 한 구절만 알고 믿으면, 하나님의 자녀로 이 땅을 살아가며 풍성한 은혜를 누릴 수 있다. 처음 교회에 오고, 나는 성경이 너무 복잡하고 잘 모르겠다고 말씀하시는 분들은 이 한 구절만이라도 붙들고 기도하신다면 흔들리지 않는 믿음으로 신앙생활을 하시게 될 것이다.

「"하나님이 세상을 이처럼 사랑하셔서 독생자를 주셨으니, 누구든지 그를 믿으면 멸망하지 않고 영생을 얻을 것이다."」 (요한복음 3장 16절,새번역 성경)

하나님은 세상을 사랑하시고, 세상의 모든 사람, 한명 한명을 사랑하신다. 하나님이 세상을 이처럼 사랑하신다고 하셨는데, 이처럼 사랑한다는 것이 무엇일까? 어떻게 사랑을 하셨을까? 바로 독생자를 우리에게 주신 사랑이다. 하나밖에 없는 아들의 목숨을 우리를 위해 기꺼이 주시는 사랑이다. 하나님이 우리를 사랑하시되 그 아들의 생명을 주실 만큼 우리를 사랑하신다. 그 사랑의 깊이와 넓이를 우리가 다 헤아려 이해할 수조차 없다. 우리는 아무리 사랑하는 사람이라 할지라도 내 자녀의 생명을 줄 만큼 사랑하기는 어렵다. 그러나 우리 하나님은 우리를 너무도 사랑하셔서, 그 아들 예수님을 이 땅에 보내시고, 십자가에 죽게 하셨다. 그 이유는 단 하나, 이 세상의 모든 사람들이 멸망하지 않고 그 아들 예수를 믿어 영원한 생명을 얻어, 천국에서 그와 함께 기쁨을 누리게 하기 위함이다. 하나님은 그가 사랑하시는 이 세상의 수 많은 사람들이 죄에 빠져, 멸망의 길로 가는 것이 너무도 마음 아프셔서 우리를 죄에서 건져 주시기 위해 자기 아들 예수님을 보내셨다. 죄가 있으면, 천국에 들어갈 수 없기 때문에 죄 없으신 자신의 아들을 우리의 죄값을 대신 치루기 위하여 이 땅에 보내셨다. 누구든지 예수를 믿기로 결단하고, 예수님을 마음에 받아들이면, 모든 죄에서 벗어나 천국의 소망을 누리며 구원받은 삶을 살수 있게 된다.

한 전쟁 중 장군의 일화다. 전쟁 중에 모두 배가 고프고, 옷과 생필품이 부족해서 서로 도둑질하는 사건이 빈번이 일어났다. 이 장군은 모든 사람들을 불러놓고, 이제부터 누구든지 도둑질을 하는 자에게는 100대의 태형(곤장)을 칠 것이라고 선언하였다. 그런데 먹을 것을 훔쳐먹은 자가 다름 아닌 장군의 어머니였다는 사실이 드러났다. 장군의 어머니는 너무도 배가 고파서 그만 이웃의 먹을 것을 훔쳐 먹은 것이다. 장군은 훔친 자가 누구든지 벌을 내린다는 말에 책임을 져야 했다. 그러나 노모에게 100대의 태형은 노모가 감당할 수 없는 벌임을 알았다. 고심하던 장군은, 자신이 한 말에도 책임을 지고, 노모를 살릴수 있는 방법을 생각해냈다. 장군 자신이 어머니를 대신해서 태형을 100대 맞는 것이었다.

　우리는 그 하나님의 사랑을 알지 못한다. 자녀가 부모의 사랑을 온전히 알 수 있을까? 그럴 수 없을 것이다. 그런 우리가 하나님의 사랑을 온전히 알 수 있을까? 그 누구도 하나님의 사랑을 다 알 수는 없다. 하나님의 그 사랑의 깊이와 넓이와 높이를 알 수 없을지라도 그분은 늘 그 사랑으로 우리와 함께 하심을 안다. 하나님은 언제나 그 크신 사랑으로 우리와 함께 계셨는데 우리가 느끼지 못하고 보지 못할 뿐이다. 왜냐하면 사랑이 보이지 않기 때문이다. 하나님이 보이지 않기 때문이다. 그러나 놀라운 것은 내가 마음의 문을 열고 예수님을 내 마음에 모시면, 그때부터 하나님의 사랑이 보인다. 그 사랑이 느껴진다. 믿음을 가지면 하나님이 보인다. 하나님이 우리 자신을 얼마나 사랑하시는지 그 깊이를 알게 된다.

　"여인이 어찌 그 젖 먹는 자식을 잊겠으며 자기 태에서 난 아들을 긍휼히 여기지 않겠느냐 그들은 혹시 잊을지라도 나는 너를 잊지 아니할 것이라
　내가 너를 내 손바닥에 새겼고 너의 성벽이 항상 내 앞에 있나

니"(이사야 49장 15절-16절, 개역개정)

　어떻게 어머니가 자녀를 잊을 수 있을까? 상황이 여의치 않아서 떨어져 지낼수는 있지만 부모가 어떻게 자녀를 잊을 수 있을까? 사람은 혹시 잊어버릴 수 있지만 하나님은 전능자 이시고 영원하시며, 이 땅의 시작부터 끝까지 계신 분이기에 하나님은 우리를 1초도 잊지 않는다. 우리의 이름을 하나님의 손바닥에 새기고 항상 지키신다 약속하셨다.

　그 사랑을 깨달아 알면 우리의 삶이 아무리 어려워도 거뜬히 이겨낼 수 있을 것이다. 그 사랑을 꼭 경험할 수 있기를 바란다. 우리가 하나님의 사랑 안에 있을 때, 그분 안에 있을 때 참된 생명이, 참된 행복이 있는 것이다.

"하나님이 세상을 이처럼 사랑하사 독생자를 주셨으니
이는 그를 믿는 자마다 멸망하지 않고
영생을 얻게 하려 하심이라" (요한복음 3장 16절)

/ 말씀 되새김 /

1. 당신은 죄인이라고 생각하나요? 죄가 없는 의인이라고 생각하나요?

....

....

....

2. 하나님은 세상을 사랑하고, 나를 사랑하사 어떤 일을 하셨나요?

....

....

....

3. 만약 내가 죄인이라고 생각한다면, 죄를 해결하수 있는 방법은 무엇인지 써보
   세요

....

....

....

II-1. 나면서부터 눈먼 사람

그에게서 하나님이 하시는 일을
나타내고자 하심이라

요한복음 9장 3절

사람에게는 자신이 선택하지 않았지만 환경이 주는 아픔
이나 약점을 가지고 살아가게 되는 경우가 많다. 어떤
사람은 태어나면서부터 질병을 가지고 살아가야 하는 경우도 있고,
어떤 사람은 환경이나 가정이 주는 경제적 어려움을 가지고 살아가
기도 한다. 어떤 사람은 가정이나, 학교 폭력에 시달리며 자라나는
경우도 있다. 자신의 잘못이나 선택이 아니라 그저 주어지는 고난
과 역경속에서 뚜렷한 이유도 모른채 살아가는 것이다. 이런 어려
움을 만날 때 마다 많은 사람들은 왜 이렇게 살아야하는가? 누구
의 잘못인가? 무엇이 어디에서부터 잘못된 것인가?를 생각하지만,
고통의 원인을 찾아내기가 쉽지가 않다. 그 원인을 찾았다고 하더
라도 그것이 정확한 이유라고 말할 수 없는 경우도 많다. 성경에는
나면서부터 시각장애를 가지고 태어난 한 사람의 이야기가 있다.

　　예수님께서 제자들과 길을 가시다가 그 시각장애인을 만난 것
이다. 이 사람은 날 때부터 시각 장애인이라서 세상의 빛을 한번도
보지 못한 사람이다. 가족도, 이 세상의 아름다움도 단 한번도 본
적이 없는 사람이다. 그런 그는 세상사람들에게도 심지어 가족들
에게도 돌봄을 받지 못하고 버려진 인생을 사는 비천한 인생이었
다. 그는 모두에게 버려진채 구걸하며 겨우 끼니로 배채우는 인생
이었다. 지금 우리나라가 장애인의 편견이 많이 사라졌다고는 하
지만 구조적인 편견과 차별이 존재하는 것은 사실이다. 우리나라도
오래전에 장애를 가진 아이가 태어나면 손가락질 하던 시절이 있었
다. 2천년전 유대사회는 장애가 있으면 부정하다고 여겼다. 가까이

가면 유다 백성들도 부정이 옮는다고 생각해서 가까이 가지 않았고 멸시 천대를 하였다. 또한 당시 유대사회에서는 죄가 있기 때문에 장애를 가지고 태어난다고 굳게 믿었다.

「예수께서 가시다가, 나면서부터 눈먼 사람을 보셨다.

제자들이 예수께 "선생님, 이 사람이 눈먼 사람으로 태어난 것이, 누구의 죄 때문입니까? 이 사람의 죄입니까? 부모의 죄입니까?" 하고 물었다.

예수께서 대답하셨다. "이 사람이나 그의 부모가 죄를 지은 것이 아니다. 하나님께서 하시는 일을 그에게서 드러나게 하시려는 것이다.

우리는 나를 보내신 분의 일을 낮 동안에 해야 한다. 아무도 일할 수 없는 밤이 곧 온다.

내가 세상에 있는 동안, 나는 세상의 빛이다."

예수께서 이 말씀을 하신 다음에, 땅에 침을 뱉어서, 그것으로 진흙을 개어 그의 눈에 바르시고,

그에게 실로암 못으로 가서 씻으라고 말씀하셨다. (실로암을 번역하면 '보냄을 받았다'는 뜻이다.) 눈먼 사람이 가서 씻고, 눈이 밝아져서 돌아갔다.

이웃 사람들과, 그가 전에 거지였던 것을 보아 온 사람들은 "이 사람은 앉아서 구걸하던 사람이 아니냐?" 하고 말하였다.

다른 사람들 가운데는 "이 사람이 그 사람이다" 하고 말하는 사

람도 더러 있었고, 또 더러는 "그가 아니라 그와 비슷한 사람이다" 하고 말하기도 하였다. 그런데 눈을 뜬 그 사람은 "내가 바로 그 사람이오" 하고 말하였다.

사람들이 그에게 물었다. "그러면 어떻게 눈을 뜨게 되었느냐?" 그가 대답하였다. "예수라는 사람이 진흙을 개어 내 눈에 바르고, 나더러 실로암에 가서 씻으라고 하였습니다. 그래서 내가 가서 씻었더니, 보게 되었습니다."

그들이 눈을 뜬 사람에게 "그 사람이 어디에 있느냐?" 하고 물으니, 그는 "모르겠습니다" 하고 대답하였다.」 (요한복음 9장 1절-12절, 새번역 성경)

사람들은 다 그 시각 장애인을 향하여 비난하고 욕하고, 그의 죄 때문이라며 손가락질 하였지만, 우리 예수님은 그에게 친히 가셔서 땅에 침을 뱉으시고 진흙을 개어서 그의 눈에 진흙은 발라 주셨다. 아무도 그에게 다가가지 않고, 부정하다고 했지만 예수님은 그의 연약함을 만지시고 치유하시는 것이다. 예수님은 말씀 한마디로 죽은 나사로를 살리시고 앉은뱅이를 일으키신 분이시다. 이 시각 장애인은 예수님이 말씀하신대로 근처 실로암 못가에서 진흙을 씻어내고 회복되고 치유되었다. 실로암은 보냄을 받은자 라는 뜻인데 곧 예수 그리스도를 말한다. 너무도 연약하고 불쌍한 인생이 예수님을 만나니 그 아픔과 상처가 치유되어 밝은 눈이 되었고, 뿐만 아니라 그 연약함을 통해 하나님께 영광을 돌리게 되었다. 우리는

다 아픔과 상처가 있다. 어떤 사람은 돈 때문에 아프다.

　가족이 짐이 되는 사람, 육신이 약해서 아픈사람.. 어릴때부터 배우고 싶었는데 기회가 없어서 배우지 못해 아픈사람.. 다양한 연약함과 약함이 있다.

　우리가 선택한것도 아니고, 우리의 잘못도 아닌데 믿지 않는 가정에서 태어나 고통받고, 때로는 믿는 가정에 태어나서 고통받는다. 여러 가지 상황으로 좌절하고 낙망한다. 우리의 잘못이 아니라 환경이 우리에게 주는 이 아픔과 고통속에서 우리는 기억해야 할 것이 있다. 이 모든 아픔을 가지고 예수님께 나아가면, 그분이 우리의 상처를 만지시고 싸매시고 회복시키신다는 것이다. 우리에게 약함을 주신 것은 우리로 넘어지게 하기 위해서가 아니라, 우리의 죄로 인함이 아니라 우리가족의 죄로 인함이 아니라 하나님의 일을 하기 위해서 이다. 우리의 상처가 예수님을 만나 치유되고 나면 비로서, 그 약함을 통해 하나님의 강함이 드러나고, 하나님의 영광의 빛을 세상에 나타내는 통로가 될 것이다. 우리모두 여호와의 영광이 우리의 약함을 통해 나타나시길 소망한다.

"예수께서 대답하시되 이 사람이나
그 부모의 죄로 인한 것이 아니라 그에게서 하나님이 하시는
일을 나타내고자 하심이라" (요한복음 9장 3절)

/ 말씀 되새김 /

1. 태어나면서부터 시각장애를 가진 사람의 마음은 어떠할까요?

....

....

....

2. 내가 선택한 것이 아닌 주어진 환경이나, 상황으로 겪고 있는 나의 고통이 있다
   면 써보세요.

....

....

....

3. 나의 아픔과 고통을 예수님께로 가지고 나아갈 때, 예수님은 어떻게 말씀하시
   고, 행동하신다고 생각하는지 써보세요.

....

....

....

II-2. 선한목자이신 예수님

나는 선한목자라

요한복음 10장 14절

오래전 부산 강서구 대저에서 남편 목사님과 함께 교회를 섬기며 사역을 할 때 이다. 당시 교회에서 우리에게 준 사택은 자동차 한 대가 겨우 지나갈 수 있는 좁은 골목길 안쪽에 있었다. 그 때만 해도 나는 초보운전이어서 늘 그 좁은 길을 지나다니는 것이 불안해 조심조심 다녔다.

한번은 남편 목사님이 교회 승합차를 가지고 잠시 집에 들린 적이 있었다. 남편은 교회 승합차를 몰고 교회로 가고 나는 우리 자동차를 운전해서 교회로 가야 했다. 집에서 교회까지는 자동차로 5분 정도 되는 거리였는데, 남편은 나를 배려해서 천천히 교회 승합차로 앞서고, 나는 그 차를 뒤따라 갔다. 그런데 출발한 지 얼마 되지도 않아서 그만 우리 차 바퀴가 좁은 골목길 옆쪽에 있는 턱에 걸리면서 타이어 펑크가 나는 일이 생겼다. 앞서가는 승합차만 보고 따라가다가 골목길 턱을 미처 보지 못한 것이다. 얼마나 놀라고 당황했는지. 어찌할 바 몰라서 우왕좌왕하는데 다행히 남편이 금방 알아차리고 수습을 해주어서 일단락은 되었다. 그런데 얼마 지나지 않아 비슷한 상황이 또 생겼다. 이번에도 남편이 교회 승합차를 몰고 교회로 가고, 나는 우리 차를 가지고 교회로 가야 했는데, 지난번에 타이어가 펑크 난 사건으로 걱정스러워 좁은 골목길을 지나기가 두려웠다. 쫄고있는 내게 남편은 지난번에는 승합차가 앞서가고 내가 그 차만 보고 가다가 사고가 났으니, 이번엔 나 먼저 출발하라고 했다. 나는 좁은 골목길이 겁이 났지만 천천히 운전을 시작하였다. 이번에는 다행히 좁은 골목길을 무사히 통과하여, 교회까지 천천히 달리기 시작했다. 백미러를 통해 뒤에서 아주 느린 속도로 내가 모는 차를 따라 천천히 운전하는 남편을 보니 얼마나 마음이 든든하고 힘이 났는지 모른다. 누군가가 나의 안위를 위해 천천히 뒤에서 보호하고 있다는 그 느낌은 지금도 잊을 수 없다. 가끔씩 힘든 일로 불안과 위기감이 몰려올 때, 그때 생각만 하면 평안함과 무엇이든 할 수 있을 것 같은 힘이 생긴다.

예수님은 때때로 우리의 인생을 인도하실 때 앞서서 인도하신다. 우리가 캄캄한 밤 어디로 가야할 지 모를 때에 우리 인생의 빛이 되어 주시고 등불이 되어 주셔서 내 앞길을 비춰주신다. 예수님은 때때로 우리의 뒤에서 우리가 가는 길을 지키시고 보호하신다. 마치 목자가 양떼를 푸른 풀밭에서 기를 때에 뒤에서 막대기를 들고 양 떼를 몰고 가는 것처럼.

예수님은 자신은 선한 목자라 말씀하시고 우리는 양이라고 말씀하신다. 엉뚱한 길, 악한 길, 가시덤불로 가지 않도록 우리를 뒤에서 안위하시고 보호하시는 것이다.

「예수께서는 이렇게 말씀하셨다. "나는 선한 목자이다. 선한 목자는 양들을 위하여 자기 목숨을 버린다. 삯꾼은 목자가 아니요, 양들도 자기의 것이 아니므로, 이리가 오는 것을 보면, 양들을 버리고 달아난다. 그러면 이리가 양들을 물어가고, 양떼를 흩어 버린다. 그는 삯꾼이어서, 양들을 생각하지 않기 때문이다. 나는 선한 목자이다. 나는 내 양들을 알고, 내 양들은 나를 안다. 그것은 마치, 아버지께서 나를 아시고, 내가 아버지를 아는 것과 같다. 나는 양들을 위하여 내 목숨을 버린다. 나에게는 이 울타리에 속하지 않은 다른 양들이 있다. 나는 그 양들도 이끌어 와야 한다. 그들도 내 목소리를 들을 것이며, 한 목자 아래에서 한 무리 양떼가 될 것이다. 아버지께서 나를 사랑하신다. 그것은 내가 목숨을 다시 얻으려고 내 목숨을 기꺼이 버리기 때문이다. 아무도 내게서 내 목숨을 빼앗아 가지 못한다. 나는 목숨을 버릴 권세도 있고, 다시 얻을 권세도 있다. 이것은 내가 아버지께로부터 받은 명령이다"」(요한복음 10장 11절-18절, 새번역 성경)

예수님은 선한 목자이다. 삯꾼이 아니다. 삯꾼은 사나운 이리떼가 몰려올 때에 양을 버리고 도망가지만, 선한 목자이신 우리 예수님은 목숨을 버리면서 우리를 구하시고 지켜주신다. 그러기에 십자가에서 친히 우리 죄를 위하여 죽으신 것이다. 예수님을 믿지 않는 사람도 예수님은 죄에서 건져주시기를 원하신다. 그들을 안전한 길로 인도하시길 원하신다. 예수님은 목숨을 버릴 권세도, 다시 얻을 권세도 가지고 있다. 다른 그 어떤 세력에 의해서 목숨을 잃어버린 것이 아니라 우리를 사랑하셔서 친히 십자가를 지시고, 우리에게 새로운 생명을 주신 것이다. 십자가에서 죽으신 예수님은 3일 만에 다시 살아나셔서 오늘날 우리의 삶 가운데 함께 하시며, 이리떼와 같이 악한 세력과 위협으로부터 우리를 보호하시고 지켜주신다. 예수님은 그 어떤 세력과도 싸워서 이기시고 승리하시는 권세가 있으시다. 그러기에 우리는 어떤 상황 속에서도 겁내거나 두려워할 필요가 없다. 우리를 대신해서 싸워주시고, 승리를 주시는 예수님이 우리와 함께하시기 때문이다. 오늘도 우리의 삶 뒤편에서 우리를 둘러싸고 계시며, 안전하게 인생길을 가도록 돌보시는 예수님이 계셔서 너무도 든든하고 마음이 평안하다. 그분의 돌보심으로 우리는 안전하다.

"나는 선한 목자라 나는 내 양을 알고 양도 나를 아는 것이
아버지께서 나를 아시고 내가 아버지를 아는 것 같으니
나는 양을 위하여 목숨을 버리노라라"(요한복음 10장 14-15절)

/ 말씀 되새김 /

1. 지금까지 살아오면서 어려울 때 내 삶의 울타리가 되어준 사람이 있으면 적어
보세요

....

....

....

2. 언제나 내 삶의 모든 순간 함께하고 어려울 때 도와주고 힘이 되는 누군가가 나
와 함께 있다면 어떤 마음이 드는지 적어보세요.

....

....

....

3. 예수님은 선한목자로, 늘 나와 함께 하시고, 어떤 상황에서도 나를 지켜주신다
고 약속하셨는데, 이 말씀을 들을 때 떠오르는 생각을 적어보세요.

....

....

II-3. 성전 미문 이야기

나사렛 예수 그리스도의
이름으로 일어나 걸으라

사도행전 3장 6절

TV 토크쇼 '유퀴즈' 56화 '슬기로운 의사 생활' 편에 우리나라 흉부외과 최고 권위자 송석원 교수님이 나온다. 송 교수님은 흉부외과 수술 중에서도 많은 의사가 꺼려하는 심장과 대동맥 수술을 전문으로 하신다. 대동맥은 생명과 직결이 되어 있기 때문에 파열이 되면 60%가 생명을 잃는다고 한다. 수술을 해도 20%가 생명을 잃게 되는데 송 교수님은 그 치사율을 3%로 낮추어 의학계에서 모두가 인정하는 명의이시다. 이런 그를 모델로 드라마가 만들어지기도 했는데, 자타가 인정하는 명의이신 송교수님은 유퀴즈 방송 중에 이런 말씀을 한다.

그가 대동맥 수술을 하면서 든 생각은 인간이 할 수 있는 부분이 있고 그것을 넘어서는 부분이 있구나, 그래서 사람들은 종교의 힘을 빌리는구나 생각을 했다고 한다. 자신이 집도하는 대동맥 관련 수술 치사율이 3% 라고는 하지만, 한달에 평균 400명 정도 수술을 한다고 볼 때 12명 정도가 생명을 잃게 된다는 것이다. 젊었을 때는 자신이 아닌 다른 의사를 만났으면 어땠을까 하는 자책도 하고, 힘들어서 울기도 했는데, 요즘은 인간은 한계가 있고, 할 수 없는 부분이 있다는 것을 인정하게 되었다고 한다.

송석원 교수님이 예수님을 믿는 분인지 아닌지 알 수는 없지만, 그의 말에서 느끼는 것은 최고의 권위자로 인정받는 대동맥 수술의 명의이지만, 그는 사람이 가진 능력은 한계가 있음을 고백한다. 또한 그 사람의 한계를 뛰어넘는 존재, 무한한 능력을 가진 신이 있음을 고백한다.

주변에 병원에서 의사들도 가망이 없다고 여기는 암수술을 하고 회복되는 환자를 향하여서 도저히 믿을 수 없다는 표정을 지으며, 의사가 혹시 교회 다니시냐고 물어보았다는 얘기를 들은 적이 있다. 사람의 한계를 넘어서는 능력이 있으신 예수님의 고치심이 아니고는 결코 설명할 수 없다는 것이다. 예수 그리스도 이름에 능력이 있다. 그분은 2000년 전에 죽으신 분이 아니고, 죽었다가 다시 살아나셔서 오늘 지금 우리와 함께 계신다. 누구든지 그 이름을 부르는 자는 구원을 얻으리라 말씀하셨고, 그 이름에 능력이 있어서 누구든지 그 이름을 부르는 자는 놀라운 능력을 경험한다.

성경에는 태어나면서부터 앉은뱅이인 사람의 이야기가 나온다. 그가 정확하게 몇 년을 앉은뱅이로 앉아 있었는지 알 수는 없지만, 성전 미문(아름다운 문)이라는 곳에 앉아서 구걸을 하고 있었다. 그는 앉은뱅이라 혼자 움직일 수 없기 때문에 사람들이 그를 사람이 많이 다니는 성전 미문 앞에 데려다 주었다. 구걸이라도 해서 먹고 살게 하기 위해서이다. 이 앉은뱅이는 날마다 성전 문 앞에서 사람들이 예배드리러 갈 때 한 푼이라도 적선해주기를 기다리는 너무도 가엾은 인생이었다. 인생의 그 어떤 소망을 가지지 못하고, 그저 하루하루를 굶지 않고 살 수 있으면 만족한 인생이었다. 그에게 미래는 없었다. 그날도 여느 날처럼 미문 앞에 있을 때, 예수님의 제자 베드로와 요한이 기도하러 성전에 올라가고 있었다. 요한이 늘 성전에 가서 기도하였고, 앉은뱅이도 늘 성전 미문 앞에 있었기에 자주 마주쳤을 것이다. 베드로와 요한이 지나다가 동전이 있으면 동전을 주기도 하였을 것이다. 그날도 마찬가지로 성전 미문 앞에서 앉은뱅이를 보고 동전이라도 하나 던져주려고 했는데, 그날따라 베드로의 마음이 달랐던 것 같다. 성령 하나님께서 베드로에게 그를 향한 긍휼의 마음을 주셨던 것이다. 늘 앉아서 구걸하는 저 연약한 인생을 향하여서 긍휼한 마음이 생겨서 베드로가 "우리를 보라"고 한다. 앉은뱅이는 무엇을 주려고 하는가 보다, 오늘도 동전 하나라도 주려나 보다 생각하고 베드로를 바라보니 "은과 금은 내게 없거니와 내게 있는 이것을 네게 주노니 나사렛 예수의 이름으로 일어나 걸으라" 하고 그의 오른손을 들어 일으키니 발목과 발에 힘이 생겨서 벌떡 일어나 걷기도 하며 뛰기도 하며 하나님을 찬송하였다고 성경은 말한다. 예수 그리스도의 이름에 능력이 있어서 누구든지 그 이름을 부르는 자는 구원을 받게 되는 것이다. 당시 주변에 많은 사람들이 평생 그가 앉은뱅이로 살아있던 것을 보았는데 걷기도 하고 뛰기도 하며, 하나님을 찬송함을 보고 심히 놀랐다고 한다.

「오후 세시 기도를 하는 시간이 되어서, 베드로와 요한이 성전으로 올라가는데,

나면서부터 앉은뱅이인 사람을 사람들이 떠메고 왔다. 그들은 성전으로 들어가는 사람들에게 구걸하게 하려고, 그 앉은뱅이를 날마다 '아름다운 문'이라는 성전 문 곁에 앉혀 놓았다. 그는, 베드로와 요한이 성전으로 들어가려는 것을 보고, 구걸을 하였다.

베드로가 요한과 더불어 그를 눈여겨 보고 나서, 그에게 "우리를 보시오" 하고 말하였다.

그 앉은뱅이는 무엇을 얻으려니 하고, 두 사람을 빤히 쳐다보았다.

베드로가 말하기를 "은과 금은 내게 없으나, 내게 있는 것을 그대에게 주니, 나사렛 예수 그리스도의 이름으로 일어나 걸으시오" 하고,

앉은뱅이의 오른손을 잡아 일으켰다. 그는 즉시 다리와 발목에 힘을 얻어,

벌떡 일어나서 걸었다. 걷기도 하고 뛰기도 하며, 하나님을 찬양하면서, 그들과 함께 성전으로 들어갔다.

사람들이 그가 걸어다니는 것과 하나님을 찬양하는 것을 보고,

또 그가 '아름다운 문' 곁에 앉아 구걸하던 바로 그 사람임을 알고서, 모두 그에게 일어난 일로 크게 놀랐으며, 이상하게 여겼다.」

(사도행전 3장 1절–10절, 새번역 성경)

이런 일들은 신약시대에, 2000년 전에만 일어나는 것이 아니라 지금 이 시대에도 일어나고 있다. 지금 우리 가운데도 일어날 수 있는 일이다. 예수님의 능력이 줄어들거나, 사라지는 것이 아니라 누구든지 예수 그리스도의 이름을 믿는 자에게 능력이 나타난다. 그래서 우리가 기도할 때, 마지막에 예수그리스도의 이름으로 기도한다. 예수님의 이름으로 기도할 때 그 능력이 나타나기 때문이다. 우

리의 삶 가운데 도저히 해결될 수 없는 불가능한 일이라고 여겨지는 일들이 있다. 그러나 예수 그리스도 이름의 능력으로 해결되는 역사 또한 있다. 인간은 한계가 있지만, 예수님은 한계가 없으신 전능하신 분이시기 때문이다.

우리가 예수 그리스도의 이름으로 기도할 때, 당장은 아니라 할지라도, 또 내가 생각하는 때가 아닐 수도 있지만 낙심하지 않고 인내함으로 기도하면 반드시 가장 좋은 시간에 하나님께서 응답하시고 해결해 주실 것이다. 주님의 때에 우리에게 "일어나 걸으라" 말씀하실 것이고, 그때에 우리의 삶의 문제가 단번에 해결되는 역사가 일어날 것이다.

오늘의 말씀

"베드로가 이르되 은과 금은 내게 없거니와
내게 있는 이것을 네게 주노니 나사렛 예수 그리스도의 이름으로
일어나 걸으라 하고" (사도행전 3장 6절)

/ 말씀 되새김 /

1. 아무리 유능한 의사라도 못 고치는 질병이 있습니다. 유한성 때문입니다. 사람의 한계를 뛰어넘는 분이 있다고 생각하나요?

....

....

....

2. 만약 주변에 의사도 고치지 못하는 질병으로 힘들어 하는 사람이 있다면, 못 고칠 질병이 없는 전능하신 하나님께 나아가면 나을수 있나고 생각하나요?

....

....

....

3. 내 삶에서, 나의 힘으로 해결할수 없는 문제를 만났을 때, 어떻게 하면 좋을지 써보세요.

....

....

....

II-4. 키 작은 사람

오늘 구원이 이 집에 이르렀으니

누가복음 19장 9절

사람들에게는 저마다 가진 강점이 있고, 약점도 있다. 그러나 자신이 가진 강점에 주목하기 보다는, 약점에 주목하는 경우가 많다. 키가 작은 사람은 키가 작은 것이 자신의 컴플렉스가 되어 키 얘기가 나오거나, 그와 관계된 어떤 상황이 되면 쉽게 주눅이 든다. 그래서 키높이 운동화, 키높이 구두가 나왔다. 키높이 구두를 신고 다니면 자신감이 생기고, 당당해진다는 얘기를 하는 사람도 있다. 반대로 키가 너무 큰 사람은 키가 너무 큰 것이 컴플렉스가 되어, 작게 보일려고 늘 어깨를 구부리고 다녔다는 이야기를 하기도 한다.

사람들은 자신이 가진 것에 만족하고, 감사하기 보다 부족하고 가지지 못한 것에 대한 불만과 아쉬움을 많이 느낀다. 성경에 나오는 키가 작은 삭개오 이야기를 함께 보자.

「예수께서 여리고로 들어가서, 그 곳을 지나가고 계셨다.

그런데 마침 삭개오라고 하는 사람이 거기에 있었는데, 그는 세리장이고, 부자였다.

삭개오는 예수가 어떤 사람인지를 보려고 애썼으나, 무리에게 가려서, 예수를 볼 수 없었다. 그가 키가 작기 때문이었다.

그래서 그는 예수를 보려고 앞서 달려가서, 뽕나무로 올라갔다. 예수께서 거기를 지나가실 것이기 때문이었다.

예수께서 그 곳에 이르러서 쳐다보시고, 그에게 말씀하셨다. "삭개오야, 어서 내려오너라. 오늘은 내가 네 집에서 묵어야 하겠다."

그러자 삭개오는 얼른 내려와서, 기뻐하면서 예수를 모셔 들였다.

그런데 사람들이 보고서, 모두 수군거리며 말하기를 "그가 죄인의 집에 묵으려고 들어갔다" 하였다.

삭개오가 일어서서, 주님께 말하였다. "주님, 보십시오, 내 소유의 절반을 가난한 사람들에게 주겠습니다. 또 내가 누구에게서 강탈을 했으면, 네 배로 갚아 주겠습니다."

예수께서 그에게 말씀하셨다. "오늘 구원이 이 집에 이르렀다. 이 사람도 아브라함의 자손이다.

인자는 잃은 것을 찾아 구원하러 왔다." (누가복음 19장 1절-10절, 새번역성경)

삭개오는 부자였지만, 그 돈은 사람들에게 세금 명목으로 빼앗은 불의한 재물이었다. 친구도 없고 외로운 키 작은 사람 삭개오는 가진 것이 많았지만, 사람들로부터 손가락질 당하며 살아왔다. 예수님 주변에는 수많은 사람들이 모여 들었다. 질병을 고치시고, 하나님나라를 전파하시고, 가난한 자들에게 먹을 것을 주기 때문이다. 삭개오는 예수님의 소문을 들었고, 예수님을 꼭 한 번 보기를 간절히 소망하였다. 키 작은 삭개오는 뽕나무에 올라가 예수님을 그저 한번 보려고 하는 마음이었는데, 예수님께서 죄인인 삭개오를 찾아오셔서 그 집에 머무르신다는 것이다. 삭개오는 너무 기뻤을 것이다. 친구가 없는 그에게 예수님이 친구가 되어 주시고, 그와 함께 식사를 하고 시간을 보내신다고 말씀하시기 때문이다.

예수님은 언제나 연약하고, 죄많고, 허물 많은 사람에게 찾아 오신다. 가난하고 소외되고, 마음이 힘든 자들에게 오셔서, 소망을 주시고 일으켜 세워 주신다. 사람들은 세리인 죄인의 집에 예수님이 거한다고 수근거렸지만 예수님은 이 땅에 그 같은 죄인을 구하러 오셨다. 예수님의 마음은 언제나 세상에서 외롭고 왕따 당하는 고아와 과부와 나그네에게 있었다. 사람들이 버린 그들을 돌보시기를 원하고, 그들과 함께 하기를 원하신다.

삭개오는 예수님을 만나자 자신의 죄가 생각났고, 그 죄를 용서받기를 원했다. 그래서 자신의 불의한 재물을 가난한 사람들에게 나눠주겠다고 한다. 예수님은 삭개오의 죄를 용서하시고 구원을 선포하시고 아브라함의 자손이라고 말씀하셨다.

예수님은 자신을 만나고자 간절히 찾는 자에게 친히 찾아와 주시고 만나주신다. 예수님은 진리의 빛이시기 때문에 우리 안에 오시면, 우리 안에 있는 거짓과 죄악이 훤히 비춰지고 드러나게 된다. 그 죄악들을 예수님께 가지고 나아와 용서를 구하면, 예수님은 그 죄가 주홍같이 붉을지라도 하얗게 씻어주시고 깨끗게 하신다. 빛되신 주님이 죄를 비추심으로 구원을 허락하신다. 이전에는 죄인이었으나 이제는 주께서 주신 용서의 빛으로 의인이 되었다고 말씀하신다.

진리의 빛이 우리에게 비춰지면, 우리 안에 어두움은 사라진다. 우리 안에 있는 죄의 문제를 해결할 수 있는 유일한 방법은 예수님을 내 안에 모시는 것이다. 거룩하고 흠이 없으신 예수님이 우리에게 오셔서 죄로부터 자유를 얻게 하신다. 또한 예수님이 우리 안에 계시면 세상의 염려와 두려움, 불안에서 벗어나 세상이 줄 수 없는 참된 평안을 누리게 된다.

오늘의 말씀

"예수께서 이르시되 오늘 구원이 이 집에 이르렀으니 이 사람도
아브라함의 자손임이로다. 인자가 온 것은 잃어버린 자를 찾아
구원하려 함이니라" (누가복음 19장 9-10절)

/ 말씀 되새김 /

1. 나의 장점과 단점을 3가지 혹은 5가지 적어보세요

....

....

....

2. 나의 단점으로 힘들거나, 마음에 상처가 된적이 있다면 적어보세요

....

....

....

3. 예수님이 내 안에 오신다면, 마음의 상처로 힘들어하는 나에게 무슨 말씀을 하
   실지 적어보세요

....

....

....

Ⅱ-5. 혈루증 걸린 여자

평안히 가라 네 병에서
놓여 건강할지어다

마가복음 5장 34절

공주대 성악가 백기현 교수는 어릴때부터 등이 굽은 곱사 등이었다. 50살이 넘어서 평생 곱사등으로 살던 그가 예수님의 치유하심으로 등이 펴진 기적을 경험하고 간증을 하며 찬양사역자로 살아가고 있다. 백기현 교수의 간증은 다음과 같다.

두 살배기였을 때 대청마루에 있던 책상 위에서 친척이 데리고 놀다 둘 다 댓돌 아래로 굴러 떨어지는 사고를 당했고, 다행히 생명은 건졌지만 다친 척추에 결핵균이 들어가 화농되면서 뼈가 잠식이 되어 곱사등이 되었다. 자신의 의지와는 상관없이 당한 억울한 일이었지만 자라면서 장애인이라는 열등감은 마음의 빗장을 굳게 잠그게 했고, 혹여 가까이 다가오려는 친구들마저 끼어들 틈을 주지 않았다. 척추가 곪아있으니 늘 아프고 저린 몸 때문에 울분은 쌓여갔고, 어떻게든 공부로 성공해서 누군가에게 복수를 하겠다는 생각만이 머리에 꽉 차있었다.

68년부터 교회에 다니기는 했으나 열등감으로 그득 차있으니 설교말씀은 좀처럼 귀에 들어오지 않았는데, 목소리가 좋다며 음악을 해보라고 권하던 장로님을 만나게 된 것은 그의 모든 것을 바꾼 은혜의 전조였다.

하지만 앉아서도 할 수 있는 직업인 한의사가 되겠다는 꿈마저 접고 열심히 노래한 끝에 71년 성악과로 진학했을 때만 해도 온통 가시밭길뿐이었다. 입학하고 두 달 뒤 하반신 마비가 와 알아보니 척추마디마다 고름이 차 있었고, 죽거나 하반신 마비가 와도 좋다는 동의서에 싸인을 하고서야 수술을 받을 수 있었는데 다행히 결과는 둘 다 아니었지만 몸 상태는 35Kg였을 정도로 허약했다.

다시 학교로 돌아가 노래를 할 때 신체적인 결함 때문에 근본적으로 깊은 호흡을 하지 못해 많은 눈물을 쏟으며 남들보다 갑절의 노력을 기울인 것은 말할 것도 없었고, 키 때문에 받침대까지 가지고 다니며 서울대 합창단원으로 무대에 섰을 때 감독으로부터 "누가 쟤 데리고 왔냐"는 아픈 소리까지 들어야 했던 일도 있었다.

믿음이 없었으므로 아프면 아프다고, 또 힘들면 힘들다고 아뢴다는 것은 몰랐던 게 당연했고, "뭐든 내가 하지 누구를 의지하냐"는 자존심만 센 자족주의였으므로, 죽을 힘을 다하는 열심으로 서울대와 대학원, 비엔나 국립 음대를 졸업하고 약관 27살에 면접 없이 서류와 추천으로만 목원대 교수로 임용되었을 때에도 "모든 것이 내가 이룬 것"이라 여겼으므로 감사는커녕 '몸만 성했다면 이것보다 훨씬 나았을텐데…'라는 불평이 더 컸다.

스펙이 날로 쌓여감에도 여전히 열등감을 떨쳐 버릴 수가 없었고, "어떻게 하면 사람들 앞에 나서지 않을까"만 끊임없이 고민하는 그에게 무대와 제자들 앞에 서야 하는 것 외에도 대학에서 합창 지휘를 하라는 가혹한 부탁을 받게 되었다. 그게 싫어서 재빨리 공주대로 자리를 옮겼지만 그 곳에서조차도 지휘를 해야 하는 상황이 왔고, 그러자 어쩔 수 없이 교수를 그만두고 원래 하려 했던 한의대에 가려고 수능까지 다시 준비를 했다.

허나 이미 결혼하여 아이까지 둔 가장이라는 책임 때문에 다시 교수 일을 할 수 밖에 없던 내키지 않는 상황에서 오만 가지의 뇌의 복잡한 다이내믹을 늘 옆에 있으며 신앙심도 좋은 아내에게조차 알리지 못하고 아닌 것처럼 하는 표리부동한 삶을 살려니 버겁기만 했다.

어렵게 찾아낸 대안이 무대에 서지 않고 기획이나 지시만 할 수 있는 단장이 될 수 있는 오페라단의 창단이었고, 그리하여 대본을 쓰고 국내외의 작곡가를 청빙하여 98년 "이순신"을 무대에 올리게 되었다. 일단 본인이 노래를 하지 않아도 되니 일이 신났고, 열심히 하다 보니 외국공연도 하게 되어 일이 바빠져 더욱더 하나님은 까맣게 잊게 되었다.

당시 자신도 몰랐지만 아내와 중보자들이 백기현 교수가 무릎을 꿇게 해달라는 중보를 해왔다는데 놀랍게도 이게 곧 응답이 되는 사건이 터지고야 말았다. 7년 동안 토종 오페라로 국위 선양을 한 까닭에 "화관 문화 훈장"까지 수여했음에도 불구하고 과도하게 스케일을 늘리면서 온갖 가지고 있던 것들을 쏟아 부었더니 갑자기 후원자가 뚝 끊어지고 시스템도 없어지며 어마어마한 액수의 채무만을 떠안는 상황이 되었다.

이 지경에도 자신은 무릎은 못 꿇으며, "설사 꿇는다고 문제가 해결이 되나"하는 인간적인 경험에 의존한 생각만 들자 그렇다 치면 차선책은 자살 뿐이었다. "목을 맬까?, 떨어져 죽을까?"라고 고민하고 있을 때, 동료교수가 갑자기 연락을 해 "기도하다 떠올랐다"며 부흥회에 가자는 것이었다.

아내의 만류를 뿌리치고 일을 저지른 후라 눈치가 보이던 아내에게 불쑥 "부흥회나 갈까"했더니 기다렸다는 듯이 따라 나섰고, 책상다리로 오래 앉는 게 불편하므로 기둥 옆 좌석을 차지하려고 예정된 시간보다 훨씬 일찍 가서 오래 기다리다 지루해서였는지 설교를 듣는 순간에도 솔직히 머리 속은 온통 빚 문제와 엉뚱한 생각뿐이었는데 갑자기 목사님이 "십자가 바라보면 기적이 일어난다"면서 유독 그를 손가락으로 지목하여 눈을 쳐다보고 "아멘"을 하라는 것이었다.

　평소 같다면 "왜 나를 쳐다봐"하는 마음이 들었을진대 그 순간만큼은 신앙생활 40년 만에 처음으로 "시키는 대로 하자"는 순종하는 마음이 들게 하셨고, 더구나 일어서게 하여 "예수의 피로 죄 사함 받고자 하는 자, 예수의 피가 고친다"를 따라 하게 하는데 이런 고백을 하기 위해 입술이 열린 것도 난생 처음이었다. 딱 세 번을 고백하니 팔이 꺾이고 비틀어지고 "이게 뭐지"하는데 그의 귀에 또박또박 "내가 너의 등을 편다"는 한국말이 들렸다.

　옆에서 하도 팔이 올라갔다 내려갔다 하자 "장난치지 말라"며 꽉 잡는 아내의 손을 "장난치는 것 아냐"라며 뿌리치는 순간 교통사고로 손상되었던 아내의 척추가 나음을 받았고, 강사 목사님이 "하나님이 오늘 곱사등을 피신다"며 강단 앞으로 나오게 하자 하얀 빛이 조금씩 그의 주위를 돌며 조금씩 등뼈가 움직여지는 것이었다. 그로부터 5일간 집에서 매일 밤 바닥에 눕혀 팔, 몸통, 목을 누르시는데, 하도 뼈가 아파 "55년간 이렇게 살아왔고, 또 사는 노하우도 있으니 그냥 내버려두라"고 했을 지경이었다.

그 때 "너를 위해 못박힌 예수의 아픔을 생각해 봤냐"고 하셔서 부끄러워 용서를 구했더니 아픔이 가셨고 마지막으로 정수리를 예리한 칼로 찢어 꺼낸 두 개의 대못이 회색빛 덩이가 된 것을 잡아 죽이시니 그의 척추가 바로잡아진 것은 물론 수술 받으며 손상되었던 두 줄기의 신경까지 세심하게 고쳐주셔서 안구하수로 사시화된 눈까지 온전히 치유가 되어버리는 신묘막측한 은혜를 경험하게 되었다. 할렐루야!

이런 엄청난 일을 겪은 후 그를 알던 사람들의 반응은 "보지 않고도 믿는 자"와 "보고도 믿지 못하는 자"의 두 부류로 선을 긋듯이 나누어졌다. 물론 본인은 하나님 아버지를 전심으로 찾게 되었고, 치료의 옵션으로 주신 "내가 너를 치유하였다. 지금부터 나를 찬양하여라. 그리고 널리 알리라"는 말씀대로 6년 동안 700회가 넘게 하나님을 증거하였다.

성경에도 혈루증으로 고통받는 한 여인이 나온다.

「그런데 열두 해 동안 혈루증(피가 엉키고 뭉쳐서 등이 굽는 병)으로 앓아 온 여자가 있었다.

여러 의사에게 보이면서, 고생도 많이 하고, 재산도 다 없앴으나, 아무 효력이 없었고, 상태는 더 악화되었다.

이 여자가 예수의 소문을 듣고서, 뒤에서 무리 가운데로 끼어 들어와서는, 예수의 옷에 손을 대었다.

(그 여자는 "내가 그의 옷에 손을 대기만 하여도 나을 터인데!" 하고 생각 했던 것이다.)

그런 다음에 곧 출혈의 근원이 마르니, 그 여자는 몸이 나은 것을 느꼈다.

예수께서는 곧 자기에게서 능력이 나간 것을 몸으로 느끼시고, 무리 가운데서 돌아서서 "누가 내 옷에 손을 대었느냐?" 하고 물으셨다.

제자들이 예수께 "무리가 선생님을 에워싸고 떠밀고 있는데, 누가 손을 대었느냐고 물으십니까?" 하고 반문하였다.

그러나 예수께서는 그렇게 한 여자를 보려고 둘러보셨다.

그 여자는 자기에게 일어난 일을 알므로, 두려워하여 떨면서, 예수께로 나아와 엎드려서 사실대로 다 말하였다.

그러자 예수께서 그 여자에게 말씀하셨다. "딸아, 네 믿음이 너를 구원하였다. 안심하고 가거라. 그리고 이 병에서 벗어나서 건강하여라." (마가복음 5장 25절-34절,새번역성경)

12년 동안이나 고통받는 한 여인, 여러 의사를 찾아갔으나 재산만 탕진하고 고통만 더해갔던 여인, 주변의 사람들에게도 외면당하며 혈루증으로 전전긍긍하며 고통 속에서 세월을 견디는 가련한 이 여인을 보시고 예수님은 마음 아파하시고, 불쌍히 여기셨다. 예수님은 그 여인을 향하여서 안심하고 가라, 평안히 가라고 말씀하시고, 이 병에서 벗어나 건강하여라고 축복해주신다. 예수님도 이 여인이 건강하고 평안하게 살기를 그 누구보다 간절히 소원하시는 것이다.

우리는 가끔 우리 삶의 주인이 우리 자신이라고 착각하지만, 결코 우리 인생의 주인은 우리가 될 수 없다. 내 삶의 주인이 나라고 외치지만 머리카락에 흰 머리 한올 나는 것 조차 막을 수 없다. 우리 삶의 주인은 오직 예수 그리스도 한분이다. 우리의 삶을 지금까지 인도하시고, 앞으로 인도하실 분이다. 그분은 능치 못함이 없으셔서 못 고칠 질병이 없으신 분이다. 그분은 오늘도 고통 가운데 신음하고 있는 사람들을 찾아가셔서, 그 모든 아픔과 질병에서 벗어나기를 간절히 바라신다. 우리에겐 믿음이 필요하다. 예수님이면 나의 질병을 고칠 수 있다는 믿음, 예수님은 나의 아픔을 깨끗하게 낫게 할 능력이 있으신 전능한 하나님이라는 믿음의 고백 말이다.

오늘도 혈루증 여인처럼 말할 수 없는 고통 가운데 지쳐 헤매는 많은 분들이 예수님께 나아와 깨끗하게 나음을 받게 되기를 간절히 기도한다.

"예수께서 이르시되 딸아 네 믿음이 너를 구원하였으니
평안히 가라 네 병에서 놓여 건강할지어다"

(마가복음 5장 34절)

/ 말씀 되새김 /

1. 현대 의학으로 여전히 고치지 못하는 질병이 있다고 생각하나요?

....

....

....

2. 현대의학으로 불가능한 질병을 예수님은 치료할수 있다고 생각하나요?
   그렇게 생각한다면 예수님은 왜 치료할 수 있을까요?

....

....

....

3. 내 삶에 혹은 주변에 질병으로 고통받는 분이 있다면 예수님을 의지하여 기도
   해보세요

....

....

....

III-1. 평강

곧 나의 평안을
너희에게 주노라

요한복음 14장 27절

세상을 살아가다 보면 평안하고, 기쁘고, 감사한 일 보다는 염려되고 근심되며 걱정되는 일이 많다. 뉴스만 봐도 온 나라가 수많은 문제와 근심거리로 가득하고, 깜짝 놀랄만한 끔찍한 사건들로 가득하다. 전 세계가 코로나19라는 거대한 폭풍 속에서 헤매다 조금 잠잠해 지나 했더니, 전쟁과 지진 소식의 후폭풍이 밀려오고 있다. 세상을 살아간다는 것은 고요한 바다를 항해하는 것이 아니라 순간순간 찾아오는 거친 파도가 덮치는 풍랑 속을 지나듯 하다. 어디를 가면 내 삶이 평안하고 안전할 수 있을까? 우리의 자녀가, 우리의 가정과 사업이 어디로 항해를 하면 안전할까 고민해 보지만 그 해답을 찾기가 쉽지 않다.

언젠가 읽은 소책자에서 미국의 어느 어머니가 쓴 글을 읽은 적이 있다. 미국은 일반 시민들도 총기를 소유하는 것을 인정해서 크고 작은 총기 사건이 많이 일어난다. 이런 수많은 총기 사건들로 자녀를 키우는 일이 여간 염려되는 일이 아니다. 이 어머니는 자신의 자녀가 학교에 다니는 것도, 밖에 나가는 것도 너무도 큰 위험 속에 노출된다고 생각하여 근심이 많았다. 그녀는 할 수 만 있다면 아이를 랩에 싸서 자신의 주머니에 넣고 다니고 싶다고 한다. 그러면 안전할 것이라고 여긴 것 같다. 그러나 과연 그럴까? 자신의 주머니 속에 아이를 넣고 다닌다고 안전하다는 보장은 없다. 그녀가 어디서 어떤 사고를 만날는지 알 수 없기 때문이다.

세상은 우리에게 불안정과, 두려움, 근심거리를 건네준다. 순간순간 찾아오는 염려로 쉽게 잠들기도 어렵기도 하고, 때로는 급변

하는 사회 속에서 무엇을 어떻게 해야할 지 몰라 갈팡질팡하고, 혼란한 사회 속에서 우리에게 참된 쉼과 평안을 줄 수 있는 무언가를 찾아 방황한다. 술, 쇼핑, 운동, 여행 등으로 평안을 찾으려 하지만, 그 모든 것이 주는 평안은 잠시일 뿐 영원하지 못하다.

내가 만난 새 가족 중에 남자 분이 계셨는데, 그는 힘든 일을 만날 때 술을 마심으로 그 문제를 잊으려 노력한다고 했다. 나는 그 분에게 술을 먹으면 정말 그 힘든 일들이 잊어지는가 물었다. 그는 술을 마시는 순간은 그 문제를 잊고 자유로워지는데, 자고 일어나면 다시 그 문제로 골머리가 아프다고, 술 먹은 이후 머리가 더 아프다고 하셨다.

쇼핑을 좋아하는 사람은 하는 동안은 자유롭고 행복한 것 같지만 끝나고 나면 공허하고 후회가 밀려온다. 운동도, 여행도 일시적인 평안을 누리는 것이다. 세상이 주는 평안은 잠시이며, 영원한 것은 절대 없다.

그러나 우리 주 예수님이 주는 평강은 세상이 주는 것과는 완전히 다른 차원의 것이다. 예수님 안에서 누리는 평안은 변하지 않고 영원하며, 세상에서 누릴 수 없는 참된 쉼이 있다. 그것은 누려본 자만이 그 맛을 알게 된다. 예수님이 이 땅에 오신 것은 사람들을 죄에서 구원하실 뿐 아니라 평강을 주기 위해 오셨다. 예수님은 언제나 우리가 평안하길 원하시고, 평강을 주시기를 원하신다. 예수님이 주시는 평안은 우리의 삶의 문제를 뛰어넘어 내 삶의 근원으로부터 주어진다. 그러니 예수님 안에서 우리는 두려워 할 필요도 없고, 근심할 필요도 없다. 예수님이 내 안에 계시면 내 마음이 평안하다. 내 삶이 잔잔한 바다 같아서가 아니라, 풍랑이 부는 삶 가운데서도 예수님이 나와 함께 하시기 때문이다.

내 삶에 아무런 문제도 없고, 자녀들도 평탄하게 잘 자라고 있지만, 내 안에 예수님이 없으면 알 수 없는 불안, 두려움이 찾아온다. 이 평안함이 언제까지 갈까? 무슨 문제가 닥쳐오지는 않을까? 불안하다. 예수님을 믿는 사람과 믿지 않는 사람의 가장 큰 차이는 마음의 평강이다. 예수 믿는 사람 중에서도 예수님이 함께 계시다는 것을 알지만, 그 마음에 예수님으로 충만하지 않으면 평안이 없다. 순간순간 많은 문제들이 찾아올 때 예수님이 주시는 평안을 잃어버린다. 그 문제가 내 삶에 가득해서, 문제만 크게 보여서 두려움과 걱정이 앞선다.

성경에는 예수님을 따라다니는 12명의 제자들이 있다. 제자들은 자신의 일터를 버려두고, 예수님을 따라다니기 시작하였다. 그들은 예수님이 행하시는 놀라운 기적과 치유를 보면서 예수님이 정말 하나님의 아들이며 자신들을 구원해줄 구세주라고 굳게 믿었다. 예수님의 하나님 나라의 말씀은 제자들이 지금껏 한 번도 듣지 못한 놀라운 이야기여서 그 말씀에 그들은 감동했다. 그런데 어느 날, 예수님이 제자들에게 조금 있으면 나는 십자가에 못 박혀서 죽을 것이고, 3일 만에 다시 살아난 후에 하늘로 올라갈 것이라고 미리 일러주신다. 예수님이 제자를 떠난다는 말씀이다. 이 이야기를 들은 제자들은 갑자기 이게 무슨 말인지 의아했고, 우리가 모든 것을 버리고 따라다닌 예수님이 하늘로 올라간다고 하니 어리둥절하였다. 무엇보다 예수님이 자신들을 떠나시면 앞으로 어떻게 살아야 할지 두렵고 무서웠다. 그래서 제자들은 예수님께 우리를 두고 어디로 가시냐고 가시면 안된다고 예수님의 그 길을 말렸다. 그런 제자들에게 예수님은 "나는 곧 너희를 떠날 것이나 너희는 두려워하지 말고 근심하지 말라 내가 너희에게 평안을 줄 것"이라고 말씀하신다. 내가 너희를 떠나는 것이 너희에게 유익이다. 나는 떠나지만 너희에게 성령을 선물로 줄 것인데, 성령 하나님이 너희와 함께 하면 내가 한 일보다 더 큰 일을 할 수 있다고 말씀하신다.

예수님 품 안에 있으면 밖에 아무리 풍랑이 몰아쳐도 우리는 평안하다. 아이들이 어릴 때 낯선 환경에 가면 울기 시작한다. 울다가도 엄마가 안아주면 울음을 그친다. 세상이 우리를 염려케 할 일이 많지만, 예수님 안에 있으면 우리는 울음을 그칠 수 있다. 왜냐하면 세상보다 예수님이 더 큰 능력이 있기 때문이다. 그 문제보다 예수님이 더 크신 분이다. 그분이 우리를 지키시며 그 삶의 문제로부터 우리를 보호하시고 막아주신다. 예수님 안에 있으면 우리는 안전하다. 이 세상은 완전하지도 않고 안전하지도 않은 곳이다. 이 세상은 늘 불안하고 늘 변하지만, 영원히 변하지 않고 영원히 안전하며 영원히 참 평안으로 채워주실 분은 오직 예수님 이시다.

예수님이 주시는 평안을 경험할 수 있기를 소망한다. 내 안에 예수님을 모시면, 내 마음에 평안을 주실뿐 아니라 내 삶의 문제를 예수님이 해결해 주신다. 내 힘으로 노력해서 해결되 일도 있지만,

안되는 일들이 많다. 우리는 한계가 있고 연약해서, 내가 열심히 해도 안될 때가 많다. 누구보다 열심히 사는데도 잘 되면 좋은데 잘 안될 때도 많다.

예수님이 도와주셔야 우리의 인생이 잘 될 수 있다. 그분은 완전하시고, 능치 못함이 없으며 모든 힘과 능력과 권세가 그분에게서 나온다. 우리의 노력은 여전히 부족하고, 가진 것도 미약하고, 지식도 얕지만, 예수님이 이런 우리를 도와주시면 된다. 예수님이 함께하시면 된다. 이것이 놀라운 은혜이다. 예수님의 능력으로 우리의 삶에 행하시는 놀라운 은혜와 기쁨을 누리길 소망한다.

「"너희는 마음에 근심하지 말아라. 하나님을 믿고 또 나를 믿어라.

내 아버지의 집에는 있을 곳이 많다. 그렇지 않다면, 내가 이미 너희에게 일러주었을 것이다. 나는 너희가 있을 곳을 마련하러 간다.

내가 가서 너희가 있을 곳을 마련하면, 다시 와서 너희를 나에게로 데려다가, 내가 있는 곳에 너희도 함께 있게 하겠다.

내가 가는 곳으로 가는 길을, 너희가 알고 있다."

도마가 예수께 말하였다. "주님, 우리는 주께서 어디로 가시는지도 알지 못하는데, 어떻게 그 길을 알 수 있겠습니까?"

예수께서 대답하셨다. "내가 곧 길이요 진리요 생명이다. 나로 말미암지 않고서는, 아무도 아버지께로 올 사람이 없다.

너희가 나를 알았더라면, 내 아버지도 알았을 것이다. 이제 너희는 내 아버지를 알고 있으며, 그분을 이미 보았다."

빌립이 예수께 말하였다. "주님, 우리에게 아버지를 보여 주십시오. 그러면 좋겠습니다."

예수께서 대답하셨다. "빌립아, 내가 이렇게 오랫동안 너희와 함께 지냈는데도, 너는 나를 알지 못하느냐? 나를 본 사람은 아버지를 본 사람이다. 그런데 네가 어떻게 '우리에게 아버지를 보여 주십시오' 한다는 말이냐?

내가 아버지 안에 있고 아버지께서 내 안에 계심을, 네가 믿지 않느냐? 내가 너희에게 하는 말은 내 마음대로 하는 것이 아니다. 아버지께서 내 안에 계시면서, 자기의 일을 하신다.

내가 아버지 안에 있고, 아버지께서 내 안에 계심을 믿어라. 믿지 못하겠거든, 내가 하는 그 일들을 보아서라도 믿어라.

내가 진정으로 진정으로 너희에게 말한다. 나를 믿는 사람은 내가 하는 일을 할 것이요, 그보다 더 큰 일도 할 것이다. 그것은 내가 아버지께로 가기 때문이다.

너희가 내 이름으로 구하는 것은, 내가 무엇이든지 다 이루어 주겠다. 이것은 아들로 말미암아 아버지께서 영광을 받으시게 하려는 것이다.

너희가 무엇이든지 내 이름으로 구하면, 내가 다 이루어 주겠다."

"너희가 나를 사랑하면, 내 계명을 지킬 것이다.

내가 아버지께 구하겠다. 그러면 아버지께서 다른 보혜사를 너희에게 보내셔서, 영원히 너희와 함께 있게 하실 것이다.

그분은 진리의 영이시다. 세상은 그분을 보지도 못하고 알지도 못하므로, 그분을 맞아들일 수가 없다. 그러나 너희는 그분을 안다. 그것은 그분이 너희와 함께 계시고 또 너희 안에 계시기 때문이다.

나는 너희를 고아처럼 버려 두지 않고, 너희에게 다시 오겠다.

조금 있으면, 세상이 나를 보지 못할 것이다. 그러나 너희는 나를 보게 될 것이다. 그것은 내가 살아 있고, 너희도 살아 있을 것이기 때문이다.

그 날에 너희는, 내가 내 아버지 안에 있고, 너희가 내 안에 있고, 또 내가 너희 안에 있음을 알게 될 것이다.

내 계명을 받아서 지키는 사람은 나를 사랑하는 사람이요, 나를 사랑하는 사람은 내 아버지의 사랑을 받을 것이다. 그리고 나도 그 사람을 사랑하여, 그에게 나를 드러낼 것이다."

가룟 사람 유다가 아닌 다른 유다가 "주님, 주께서 우리에게는 자기를 드러내시고, 세상에는 드러내려 하지 않으시는 것은 무슨 까닭입니까?" 하고 물었다.

예수께서 그에게 대답하셨다. "누구든지 나를 사랑하는 사람은 내 말을 지킬 것이다. 그러면 내 아버지께서 그 사람을 사랑하실 것이요, 우리는 그 사람에게로 가서 그 사람과 함께 살 것이다.

나를 사랑하지 않는 사람은 내 말을 지키지 않는다. 너희가 듣고 있는 이 말은, 내 말이 아니라 나를 보내신 아버지의 말씀이다.

내가 너희와 함께 있는 동안에, 나는 너희에게 이것들을 말하였다.

그러나 보혜사, 곧 아버지께서 내 이름으로 보내실 성령께서, 너희에게 모든 것을 가르쳐 주시고, 또 내가 너희에게 말한 모든 것을 생각나게 하실 것이다.

나는 평화를 너희에게 남겨 준다. 나는 내 평화를 너희에게 준다. 내가 주는 평화는, 세상이 주는 평화와 같은 것이 아니다. 너희는 마음에 근심하지 말고, 두려워하지도 말아라.」

(요한복음 14장 1절-27절, 새번역성경)

"평안을 너희에게 끼치노니 곧 나의 평안을 너희에게 주노라
내가 너희에게 주는 것은 세상이 주는 것과 같지 아니하니라
너희는 마음에 근심하지도 말고 두려워하지도 말라"

(요한복음 14장 27절)

/ 말씀 되새김 /

1. 요즘 나에게 두려움과, 염려, 혹은 불안을 주는 문제는 무엇인지 적어보세요

....

....

....

2. 내 삶의 두려움과 근심이 몰려올 때 나는 어떤 방법으로 평안을 지키려고 애쓰
   는지 적어보세요

....

....

....

3. 세상에서 우리가 참 평안을 얻는 방법은 무엇인가요?
   영원한 변하지 않는 평안을 얻기 위해 내가 할수 있는 일을 적어보세요

....

....

....

Ⅲ-2. 기도

하늘에 계신 우리 아버지여

마태복음 6장 9절

교회에 처음 오는 새 가족들을 만나면 이구동성으로 하는 말이 기도가 잘 안 된다고 한다. 말씀은 어려워도 한글이니 읽을 수 있고, 목사님이 설명해 주시면 이해할 수 있고, 찬송은 잘 몰라도 악보가 있어 악보를 보고 서툴러도 따라 부를 수 있다. 그런데 기도는 도대체 어떻게 해야 하는지 모르겠고, 남들은 소리 내어 열심히 기도하는데 무엇을 기도해야 할지, 정말 기도를 해보고 싶어 하려고 해도 잘 안된다는 것이다. 새 가족뿐만 아니라 교회를 오래 다닌 분들도 기도가 참 어렵다는 말씀을 많이 하신다.

기도란 무엇일까? 기도에 대해 한마디로 정의하기란 쉽지 않겠지만, 기도는 하나님이 나의 아버지임을 고백할 때 할 수 있는 특권이며, 아버지와 자녀와의 대화라고 할 수 있다. 우리 아빠, 아버지 되시는 하나님께 우리는 모든 이야기를 할 수 있다. 기쁜 일, 슬픈 일, 행복한 일도, 마음 아팠던 일도. 잘한 일도, 잘못한 일 등등을 숨김없이 말 할 수 있다. 그저 아빠 하나님과 함께 머물며, 이런저런 얘기 하는 것이 기쁜 일이며, 하나님도 그것을 기뻐하신다.

조정민 목사는 '왜 기도하는가'에서 다음과 같이 말한다.

아기가 자라서 '아빠'를 부를 때, 뭘 더 기대하겠습니까? 나는 인생에서 그보다 더 큰 기쁨을 맛보지 못했습니다. 내 품에 안긴 아이가 "아빠"라고 부를 때보다 더 큰 기쁨은 없습니다. "아빠"하고 나를 부르는 아이의 입술을 경이롭게 바라봤던 것을 기억합니다. 엘리베이터 소리만 듣고도 아들이 안방에서 아빠를 부르며 뛰어

나오는 모습에 심장이 뛰었던 소중한 기억이 있습니다. 그날 하마 터면 현관 앞에서 울 뻔 했습니다. 우리가 하나님을 "아빠"라고 부를 때, 하나님도 그처럼 기뻐하시리라 생각합니다. 육신의 아버지에 대해 마음의 상처가 있는 사람은 아버지를 진심으로 용서할 수 있기를 바랍니다. 그리고 다시 사랑하기로 결정하기 바랍니다. 입술로 조용히 "아버지 사랑합니다"하고 고백하게 되기를 바랍니다. 육신의 아버지를 용납하지 못하면, 하늘 아버지께 나아가는 것이 기쁘지 않습니다.[1]

하나님을 믿기 시작하면서 우리는 하나님의 자녀가 되는 권세를 얻었다. 하나님을 마음껏 아빠, 아버지라 부를 수 있게 되었다. 아기처럼 마냥 아빠를 부르며 즐거워하고, 아빠랑 함께 있고 싶어 하고, 아빠에게 오늘 하루 있었던 일들을 이야기한다. 아빠랑 함께 있는 것 자체가 좋은 것이다. 하나님과 함께 이야기하며, 하나님과 머물러 있는 시간이 기도 시간이다. 하루 중에 있었던 시시콜콜한 사건들을 이야기해도 좋고, 어떤 이야기를 해도 괜찮다. 우리 하나님은 우리가 하는 모든 이야기를 있는 그대로 받아주시고, 들어주신다. 별로 할 얘기가 없으면, 그 앞에 가만히 앉아서 머물러 있어도 좋다.

남자아이들이 장성하면 아버지와 둘이 있는 것이 어색하기도 하고, 무언가 말을 하려고 해도 마땅히 할 말이 생각나지 않는다고 한다. 그러나 그저 아무 말 없이 함께 앉아 있기만 해도 서로에게 큰

---

1) 조정민, 왜 기도하는가, 두란노, 2017, 28.

힘이 되고 마음에 평안을 찾기도 한다. 그저 하나님! 한 마디를 부르고 가만히 앉아 있어도, 하나님이 함께 하시는 것이 느껴지고, 그분의 임재를 경험하며, 평안이 찾아오기도 한다.

기도는 아빠 아버지 되시는 하나님과 교제하고, 함께 머무는 시간이다. 또한 기도는 우리의 삶의 많은 어려움과 필요를 하나님께 간청하는 시간이다. 우리를 도와주실 분은 하나님이시다. 많은 문제 앞에서 인간적인 방법으로 해결하기에 앞서 하나님께 기도하는 것이다.

물론 우리가 바라는 소망대로 모든 기도가 이루어지는 것은 아니다. 우리가 기도한 대로 하나님께서 이루어 주시기도 하고, 때로는 그렇지 않을 때도 있다. 그러나 중요한 것은, 하나님은 나의 아버지 되시기 때문에 항상 내게 가장 좋은 길, 선한 길로 인도한다는 믿음이다.

조정민 목사는 이 문제를 이렇게 말한다.

왜 기도합니까? 하나님이 우리 아버지이시기 때문입니다. 왜 우리 기도에 응답하십니까? 우리 아버지이시기 때문입니다. 왜 기도가 응답 되지 않을까요? 우리 아버지이시기 때문입니다. 왜 이걸 달라고 하는데 저걸 주십니까? 그것이 내게 더 좋은 것, 가장 좋은 것이기 때문입니다. 우리 아버지이시기에 최선의 것을 주십니다. 기도가 응답 되지 않는데도, 그것이 왜 기쁨입니까? 우리 아버지이시기 때문입니다. 왜 기도보다 말씀이 더 앞서며, 말씀이 더 중요합니까?

하나님이 우리 아버지이시기 때문입니다.[2]

우리 아버지 되시는 하나님과 함께 이야기하며 머물러 있는 것이 기도라고 한다면 어떤 이야기도, 어떤 형식도 중요하지 않다. 새 가족이 기도의 방법을 가르쳐 달라고 하면, 보통은 다섯 가지로 말해준다.

먼저, 하나님 아버지! 라고 부르라

둘째, 감사의 기도를 드리라

셋째, 우리 죄가 생각나면 용서를 구하는 기도를 드리라

넷째, 우리의 필요나, 간구의 기도를 드리라

마지막, "예수님 이름으로 기도합니다. 아멘."으로 마치라

꼭 이 순서대로 할 필요는 없지만, 먼저 하나님 아버지를 부르고, 하고 싶은 이야기를 하고 마지막에 예수님 이름으로 기도합니다 아멘. 하면 된다. 그래도 기도가 어렵다고 하는 분들은 오른쪽에 있는 말씀(마태복음:6장 9~13절), 예수님이 가르쳐주신 주 기도를 천천히 읽으면 된다. 예수님이 친히 우리에게 이렇게 기도하라고 가르쳐 주셨기 때문에 주 기도를 읽는 것으로 하나님께 나아가는 기도가 된다.

---

2) IBid. 27

"그러므로 너희는 이렇게 기도하라 하늘에 계신
우리 아버지여 이름이 거룩히 여김을 받으시오며
나라가 임하시오며 뜻이 하늘에서 이루어진 것 같이
땅에서도 이루어지이다 오늘 우리에게 일용할 양식을 주시옵고
우리가 우리에게 죄 지은 자를 사하여 준 것 같이
우리 죄를 사하여 주시옵고 우리를 시험에 들게 하지 마시옵고
다만 악에서 구하시옵소서
(나라와 권세와 영광이 아버지께 영원히 있사옵나이다) 아멘"

(마태복음 6장 9절-13절)

/ 말씀 되새김 /

1. 기도의 목적은 무엇이라 생각하나요?

....

....

2. 왜 기도하는 것이 어렵다고 생각할까요?

....

....

3. 하나님은 살아계시고, 모든일을 할수 있는 능력이 있는데 때때로 우리의 기도
   에 응답하시지 않는 이유는 무엇이라 생각하는지 써보세요.

....

....

III-3. 기쁨

항상 기뻐하라

데살로니가전서 5장16절

둘째 아이를 낳고 키울 때 일이다. 둘째 하늘이는 낮과 밤이 바뀌어서 태어나 줄곧 힘이 들었다. 사람들이 백일이 지나면 괜찮다고 하는데, 하늘이는 돌 때까지 낮 밤이 바뀌어 밤에는 놀고 낮에는 잠을 잤다. 낮에는 첫째 채원이를 돌보고 유치원에 보내고, 밤에는 하늘이를 본다고 거의 새벽까지 그러고 나면 지치고 힘들 때가 한 두번이 아니었다. 어떤 날에는 밤새 잠을 자지 않는 하늘이를 보는 게 너무 힘들고 짜증 나고 화도 많이 났는데, 말도 못 하는 아이에게 화를 낼 수도 없어 혼자서 씩씩대고 있었다.

그런데 그렇게 힘든 상황 속에서도 하늘이가 나를 보고 방긋 웃어주기만 하면 조금 전까지 치밀어 올랐던 짜증 가득했던 마음이 단번에 사라졌다. 너무도 천진난만하게 환한 미소를 지으며, 뭐가 그리 좋은지 나를 보고 웃는 그 얼굴에 내 마음은 평안해지고, 새 힘이 솟아나서 다시 또 열심히 놀아 준다. 그 미소가 내게는 하루의 피곤이 싹 다 가시는 회복제였다. 부모는 아이들이 그저 웃어주는 미소에 마음이 기쁘고, 행복하다. 아이의 밝은 미소 한순간이 부모에게는 가장 큰 선물이며 기쁨이 된다.

우리 아빠 아버지 되시는 하나님도 우리가 하나님을 향해 환하게 미소 짓는 것을 가장 기뻐하신다. 하나님을 위해 많은 일을 하는 것에 앞서 그저 하나님으로 인해 행복한 미소를 지으며 하나님과 함께 머물기를 가장 원하시고, 바라신다.

세상을 살다 보면 수 많은 문제에 둘러싸여 그 문제로 근심되고, 짜증이 가득할 때가 많다.

기쁠 일 보다 근심되는 일이 많고, 마음의 무거운 짐을 질 때가 많다. 세상 속에서 마음의 평안을 누리고 기쁨을 찾는 것은 파랑새를 찾아가는 이야기처럼 멀리 있는 것 같고 발견하기 쉽지 않은 것 같다. 예수를 믿는다고 해서 크게 달라지지 않는 것 같다. 예수를 믿어도 여전히 근심되는 일, 염려되고, 불안한 일들이 많고, 예기치 않은 사건들로 마음을 졸이며 살 때가 많다. 그러나 예수님을 믿는 사람과 세상 사람과 가장 큰 차이는 예수 안에 있다는 사실이다. 예수가 나의 삶 속에 함께 하시고, 나를 지키시며 보호하신다는 엄청난 사실이다. 그 때문에 여전히 문제는 가득하지만, 기뻐할 수 있고, 평안을 누릴 수 있다. 예수 안에 참된 기쁨이 있고 평안이 있기 때문이다. 거대한 풍랑이 내 삶에 몰아치고, 내 삶을 흔들어 놓을 때라도 예수님이 나와 함께 하신다는 믿음과 신뢰가 있으면 우리는 기뻐할 수 있고, 평안할 수 있다. 왜냐하면 그 문제보다 크신 분이 예수님이시며, 그 문제를 해결할 수 있는 능력이 예수님에게 있기 때문이다.

어린아이와 아빠가 동물원에 간 이야기를 들은 적이 있다. 아이와 아빠가 동물원에 가서 많은 동물들을 보고 관찰하며, 즐거운 시간을 보내고 있었다. 공작새, 기린, 돌고래, 펭귄 등등. 수 많은 동물들을 구경하고, 마지막에 사자를 보러 가게 되었다. 어린아이는 너무도 무서워서 소리를 지르며 너무 무섭다고 벌벌 떠는데 아빠는 전혀 요동하지 않고 무서워하지 않는 것이다. 아이는 아빠에게 "아빠는 저 사자가 안 무서워? 난 너무 무서운데.." 그러자 아빠가 말했다. "아들아, 너를 두렵게 하고 무섭게 하는 사자를 보지 말고, 사자를 막고 있는 유리막을 보렴. 그러면 하나도 안 무섭단다" 그렇다. 나를 삼킬 것 같은 수 많은 문제들을 바라보면 두렵고 겁이 난다. 무서워서 숨고 싶고, 때로는 도망치고 싶다. 그러나 나를 보호하고 계시는 예수님을 볼 수 있다면, 그 어떤 순간에도 담대할 수 있고, 평안할 수 있으며 기뻐할 수 있다.

내 삶의 모든 문제를 해결할 능력이 있으신 전능하신 예수님이 나와 함께 하시는데 무엇이 두렵겠는가? 무엇이 염려가 되겠는가? 아무 것도 문제가 되지 않는다. 그래서 나의 환경과 상황에 상관없이 예수 안에서 기뻐할 수 있다.

「항상 기뻐하십시오.

끊임없이 기도하십시오.

모든 일에 감사하십시오. 이것이 그리스도 예수 안에서 여러분에게 바라시는 하나님의 뜻입니다.」 (데살로니가 전서 5장 16-18절, 새번역 성경)

「주님 안에서 항상 기뻐하십시오. 내가 다시 말하거니와, 기뻐하십시오.

여러분의 관용을 모든 사람에게 알리십시오. 주께서 가까이 오셨습니다.

아무것도 염려하지 말고, 모든 일을 오직 기도와 간구로 하고,

여러분이 바라는 것을 감사하는 마음으로 하나님께 아뢰십시오.

　그리하면 사람의 헤아림을 뛰어넘는 하나님의 평화가 여러분의 마음과 생각을 그리스도 예수 안에서 지켜 줄 것입니다.」 (빌립보서 4장 4-7절, 새번역 성경)

　교회를 다니고 예수님을 믿게 되면 많은 사람들이 예수님을 위해, 하나님을 위해 엄청나고 대단한 일을 해야 한다고 생각한다. 물론 하나님을 위해 내가 가진 건강, 지식, 물질을 사용하는 것은 중요하고, 귀한 일이다. 그러나 가장 중요한 것은 우리의 일상의 삶에서, 그저 평범하고, 때로는 고통 가운데 겨우 살아내는 하루의 일상 가운데에서 예수님을 의지하며, 예수님 주시는 기쁨으로 오늘을 살아내는 것이다. 그것이 믿음이며, 그 안에 참된 평안과 쉼이 있으며, 그렇게 사는 것이 하나님이 우리에게 원하시는 삶이다. 여전히 내 삶의 답답한 현실로 절망스럽고, 도저히 바뀔 것 같지 않은 환경 속에서 마음이 무너질 때, 나를 여전히 사랑하시고 함께 하시며, 나를 위해 기도하고 계신 성령 하나님을 믿을 수 있고, 영적으로 바라볼 수 있다면, 우리는 하나님이 주시는 새 힘으로 다시 일어서고 기쁨으로 오늘을 살아낼 수 있으리라. 그런 우리의 삶을 보시고, 아빠 아버지 되시는 하나님께서 우리를 향해 용기를 주시고, 잘하고 있다고, 힘든 오늘도 잘 살아냈다고 토닥토닥 위로해주신다.

"항상 기뻐하라"

(데살로니가전서 5장 16절)

/ 말씀 되새김 /

1. 나는 지금 기쁨과 감사가 내 삶에 가득한가요?

2. 하나님은 하나님의 자녀인 우리에게 바라는 것은 무엇인가요?

3. 내 삶에 기쁨이 넘치기 위해 무엇을 해야 하는지 써보세요.

Ⅲ-4. 말씀

풀은 마르고 꽃은 시드나

이사야 40장 8절

세상의 모든 것은 풀이 마르고 꽃이 시드는 것처럼 사라진다. 어떤 사람은 건강만은 자신 있다고 하지만, 세월 앞에 장사가 없다고 아무리 운동을 많이 해도 나이가 들면 젊었을 때 체력을 유지할 수 없다. 몸은 나이가 들수록 쇠약해질 수밖에 없다. 돈이 많은 사람은 돈으로 모든 것을 할 수 있을 것이라 생각하지만, 그 돈으로 못 고치는 질병이 얼마나 많은지 모른다. 수천억을 가지고 있는 재벌이라도 죽을 때는 단 1원도 가져가지 못한다. 돈으로는 영원을 소유할 수 없다. 엄청난 힘과 권력을 가진 사람이 대단한 것처럼 여겨져도 시간이 지나면 잊혀진다. 정권이 바뀔 때마다 느끼는 것은 사람이 가진 권력이 금방 힘을 잃고 잊히고 사라진다는 것이다. 우리의 외모 또한 젊었을 때는 참 예쁘고 잘생겼다 싶었어도 나이가 들면 예전같지 않다는 것을 느낀다. 이 세상의 모든 것은 다 시들고 사라진다. 가수 GD가 부른 노래 중에 이런 가사가 있다 '영원한 건 절대 없지' 후반부 가사를 보면 사랑도 다 식는다고 말한다. 아무리 연애시절 뜨겁고 영원할 것 같은 사랑을 하더라도 시간이 지나면 그 사랑도 식고 변한다.

우리는 보이는 것이 전부인 것처럼 느낀다. 돈이 많은 사람은 돈이 모든 것을 해줄 것처럼 느끼고, 내가 지금 건강하니 영원히 건강할 것 같고, 나는 힘이 있으니 모든 것을 할 수 있을 것처럼 느끼지만, 이 땅의 것은 다 사라지고 없어진다. 그래서 우리는 가진 것이 없다고 해서 너무 힘들어 할 것 없다. 경제적으로 어려움을 겪으면 힘든 것은 사실이나, 그러나 너무 힘들지만 않으면 물질이 조금 부족해도 괜찮다. 안 아프면 좋겠지만, 조금 건강이 약해져도 괜찮은 이유는 어차피 이 세상에서는 다 없어질 것들이기 때문이다. 우리 자녀가 성공하고, 힘을 가지면 좋겠지만, 그렇지 못해도 괜찮은 이유는 성공이 영원하지 않기 때문이다.

성경은 우리에게 풀은 마르고 꽃은 시드나 하나님의 말씀만 영원하다고 말한다. 이 세상의 것은 다 사라지는 것이라서 많으면 좋겠지만, 부족해도 괜찮다. 다른 것은 다 부족해도 하나님의 말씀을 붙들 수 있으면 된다. 하나님의 말씀만이 영원하다.

성경책이 그냥 일반적인 책과 같다고 생각할 수 있으나 성경은 일반 교양도서나 전문 서적과는 차원이 다르다. 성경은 영원히 변하지 않는 하나님의 말씀이다. 성경은 1600년 동안 40여명의 저자에 의해 쓰여졌다. 성경책을 1600년 동안 전 세계 흩어진 40명의 저자들이 썼는데도 그 내용을 다 모아서 합쳐봐도 그 내용에 일관성이 있다. 예수 그리스도에 대하여, 오실 예수님과 오신 예수님에 대하여 동일하게 진술한다. 한 사람이 자기 일생을 100년 살고, 100년 동안 자기 삶을 적었다고 해도, 앞과 뒤의 내용이 다르다. 사람의 기억이라는 한계가 있고, 사람의 능력은 한계가 있기 때문이다. 그런데 1600년 동안 전 세계에서 40여명이 하나님이 주시는 영감으로 글을 썼는데, 그 내용이 통한다는 것은 불가능한 일이다.

성경은 사람에 의해 쓰여졌지만, 하나님이 주시는 감동으로 썼다. 성경은 하나님의 말씀이다. 그래서 성경은 수천 년을 이어오면서 전 세계적인 베스트셀러이다. 과학에서는 한 가지 이론이 나오고, 그 이론을 반박하고 넘어서는 다른 이론이 나오면 처음의 이론은 사장된다. 그러나 성경은 진리의 말씀, 하나님의 말씀이기 때문에 수천 년이 지나도 여전히 전 세계에서 가장 많이 읽히는 책이다.

진리의 말씀인 성경을 통해 하나님을 만날 수 있다. 이것은 하나님의 '자기계시'다. 성경을 통해서 하나님이 자신이 어떤 분이며, 어떤 존재인지 설명하고 알려 준다는 것이다. 하나님은 완전하시고, 거룩하시며, 흠이 없으신 분이시다. 이런 하나님과 죄 많고, 연약한 우리가 이야기를 나눈다고 가정해보자. 대화가 될까? 우리가 개미와 대화가 안 되는 것과 같은 이치다. 절대로 의사소통이 될 수 없다. 그처럼 완전하시고, 우주 만물을 창조하시고 전능하신 하나님께서 너무도 연약한, 하나님 보시기에 개미보다 못한 우리와 이야기를 나눈다면 말이 통하지 않을 것이다. 그래서 하나님께서 우리에게 말씀을 주셨다. 성경은 우리가 하나님에 대하여 이해하기 쉽게, 하나님이 우리에게 하시고자 하는 말씀을 알아들을 수 있게 하시기 위해 기록된 말씀이다.

우리는 성경을 통해서 하나님을 만난다. 성경은 하나님은 어떤 분인가? 하나님은 우리를 얼마나 사랑하시는가? 예수 그리스도가 이 땅에 왜 오셨는가? 우리의 죄를 대신해서 십자가에 못 박힐 수밖에 없었던 그 사랑의 이야기를 기록하고 있다. 성경을 읽으면서 하나님을 만나게 되고 하나님의 사랑을 알게 되고 예수 그리스도 그 이름의 능력을 경험하게 된다. 그래서 성경이 중요하다. 성경은 우리를 사랑하셔서, 우리를 위해, 우리가 이해하기 쉽게, 하나님의 말씀을 적어 놓았다. 유한한 인생, 모든 것이 사라지는 인생 속에서 때로는 우리가 어디로 가야 할지 모를 때가 있다. 코로나가 처음 우리나라에서 유행할 때 온 나라는 캄캄하고 어떻게 할지 몰라 갈팡질팡했다. 초창기에 코로나가 유행할 때, 부산에서는 코로나 환자가 자고 일어나니, 100명, 다음날은 250명, 그 다음날은 500명으로 그 수가 늘어날 때마다 얼마나 공포스러웠는지 모른다. 당시에는 부산에 코로나 환자가 500명만 되어도 세상이 끝나는 줄 알았다. 아이들이 밖에도 못 나가고 두려움에 전전긍긍하였다.

우리의 인생이 때로는 너무도 캄캄해서 어디로 발을 내딛어야 할지를 모를 때가 있다. 사방이 다 낭떠러지 같고 절벽과 같이 여겨지는 상황을 만날 때도 많다. 과학이 엄청난 발전을 이루고 AI 시대가 도래해도, 바이러스 하나를 못 잡아서 전 세계가 힘들었던 것처럼 말이다. 사람은 한계가 있다는 것을 인정할 수밖에 없다. 내가 엄청 잘 나가고 힘이 있는 것 같았는데 어느 순간에 내가 한 발을 내딛을 힘이 없고, 어디로 가야 할지 모르는 캄캄한 순간이 찾아오기도 한다. 그때 하나님의 말씀이 내 발의 등이 되고 내 길의 빛이 된다. 성경은 "주의 말씀은 내 발의 등이요 내 길의 빛이니이다"(시편119편 105절)라고 말한다. 하나님의 말씀이 보여주시는 그 길로 한 걸음 내딛게 되는 것이다.

하나님의 말씀이 우리의 삶을 이끌어 가실 때, 우리 인생의 앞날을 훤히 비춰서 5년 후, 10년 후를 가르쳐주는 것이 아니라 캄캄한 곳에서 한 발짝, 두 발짝 움직일 만큼 보여주신다. 그러면 우리는 하나님의 말씀을 따라 한 걸음씩 내딛어야 그 다음 가야 할 길이 보인다.

하나님은 우리를 향한 놀라운 계획을 가지고 계시지만 우리의 미래를 상세하게 브리핑하듯이 말씀하지 않으신다. 하나님께서 이스라엘 백성들과 지도자 모세를 노예 생활하던 애굽에서 건져내시고, 하나님이 약속하신 땅으로 가는 여정 가운데 이스라엘은 앞에는 홍해라는 바다를, 뒤에는 애굽 군대가 쫓아오는 상황을 만난다. 그때에 하나님께서 모세를 통해 홍해 바다를 가르는 기적을 보이신다. 우리가 홍해가 갈라지는 기적을 경험하기 위해서는 홍해 앞까지 가야 한다. 노예생활에서 벗어나기 위해 평탄한 길로 인도하시는 하나님이 아니라 죽을 것 같은 홍해 앞까지 가야 하나님의 기적을 보는 것이다. 하나님이 우리 삶에서 놀라운 기적을 보이시지만 우리는 그 길이 험난하면 피하려 한다. 그 길이 하나님이 인도하시는 길이라 할지라도. 우리는 홍해 앞까지, 하나님이 원하시는 자리까지 나아가야 한다. 아직 믿지 않는 사람들, 믿음이 약한 자들은 예배의 자리, 말씀의 자리까지 나아와야 한다. 그래야 하나님의 기적과 놀라운 일을 경험할 수 있다. 우리가 하나님이 원하시는 자리까지 나아가지 않고는 하나님의 역사를 볼 수가 없다. 그래서 우리는 하나님의 말씀을 붙들고, 그 하나님 앞에 드리는 예배를 중요하게 생각해야 한다.

세상을 살아가다 보면 여러 가지 문제를 만난다. 물질의 어려움이 와서 그 어려움을 넘고 나면, 건강의 고난이 온다. 건강의 고난의 산을 넘으면 관계의 문제가 생긴다. 관계의 문제를 넘으면 자녀의 문제가 내 눈앞에 있다. 이때 우리가 돈의 문제를 해결하려고 하면 돈의 수렁에 빠지고, 건강의 문제를 해결하려고 하면 건강의 수렁에 빠져들고, 자녀 문제를 해결하려고 붙들고 있으면 더 깊은 문제 속으로 빠져든다. 문제가 크면 클수록 우리는 멀찌감치 떨어져서 볼 수 있어야 한다. 그 문제가 내 시야를 가리면, 하나님의 말씀이 보이지 않고, 들리지도 않기 때문이다. 그 문제가 우리의 영적인 시야를 가리고 내 영을 사로잡아 불안하게 하고 근심하게 하며 두렵게 한다. 우리가 문제를 멀리 볼 수 있는 방법은 하나님의 말씀을 붙드는 것이다. 하나님의 영원한 말씀 속에서 우리 삶의 문제를 바라보고, 하나님의 일하심을 기대하며 기도하며 소망하는 것이다. 우리의 인생은 풀과 같이 마르고 꽃과 같이 시든다. 내게 닥쳐오는 고난과 시련도 다 지나간다.

작년 연말에 나는 그 어느 때보다 행복하고 감사한 시간을 보내고 있었다. 지난 1년을 돌아볼 때 하나님께서 베풀어주신 은혜가 너무도 크고, 내 삶에서 감사한 일들이 많아서 너무도 기쁜 시간을 보내고 있었다. 그런데 어머니가 갑자기 수술을 한다는 소식이 들려왔다. 너무도 행복하고 기쁜 시간을 보내고 있었는데 그 소식에 마음이 무너지고, 모든 행복이 사라지고 나의 시야가 그 문제로 덮여져서 불안하고 두려운 마음이 들었다. 너무 걱정이 되어 기도를 하면서도 불안하였다. '지금은 작은 수술이지만, 잘못되어서 더 큰 문제가 생기게 되면 어떻게 할 것인가?' 끊임없는 생각과 염려로 마음이 무너지고 있었다. 그때, 예레미야 29장 11절 말씀이 생각났다. "여호와의 말씀이니라 너희를 향한 나의 생각을 내가 아나니 평안이요 재앙이 아니니라 너희에게 미래와 희망을 주는 것이니라" 이 말씀이 믿어지고, 가득 채워지기 시작하였다. 이 사건이 지금 내가 보기에는 재앙처럼 보이지만 평안이요 미래와 희망을 주는 것이구나 생각하기 시작하니 마음에 평안이 찾아왔다. 그리고 몇 개월이 지난 후에 그 사건이 정말 어머니 삶에 재앙이 아니라 평안이며 미래와 희망을 주는 사건이라는 것을 알게 되었다. 어머니가 넘어져서 수술하게 된 사건은 재앙이었지만, 그 사건으로 인해 일어날 다른 일들이 막히는 것을 보게 되었다. 모든 사건에는 하나님의 이유가 있다는 것을 다시금 알게 되었다.

우리는 하나님의 말씀이 이끄는 삶을 살아야 한다. 왜냐하면 하나님의 말씀은 변하지 않고 영원하기 때문이다. 모든 것이 변하고 사라지는 삶 가운데서도 우리는 영원을 살 것이다. 이 땅의 것이 아니라 영원한 하나님의 말씀을 붙들고 살기 때문이다.

이 땅에서 사라지는 것들, 썩어질 것에 마음을 두지 말고, 영원히 변하지 않는 하나님의 말씀을 더욱 사모하고, 그 말씀으로 충만하기를 원한다. 우리의 연약하고 나약한 인생에 영원하신 하나님의 말씀으로 그 말씀이 내 삶을 이끌어 가시도록 할 때 우리는 모든 것이 사라지는 일상에서 영원을 살 수 있다.

「한 소리가 외친다. "너는 외쳐라." 그래서 내가 "무엇이라고 외쳐야 합니까?" 하고 물었다. "모든 육체는 풀이요, 그의 모든 아름다움은 들의 꽃과 같을 뿐이다.

주께서 그 위에 입김을 부시면, 풀은 마르고 꽃은 시든다. 그렇다. 이 백성은 풀에 지나지 않는다.

풀은 마르고 꽃은 시드나, 우리 하나님의 말씀은 영원히 서 있다."」(이사야 40장 6-8절, 표준새번역)

"풀은 마르고 꽃은 시드나
우리 하나님의 말씀은 영원히 서리라 하라"

(이사야 40장 8절)

/ 말씀 되새김 /

1. 이 세상에서 영원한 것은 있다고 생각하는가? 있다면 무엇인지 써보세요

....

....

....

....

....

2. 오늘 말씀 가운데 마음에 닿은 한 단어나 문장을 적어보고 그 단어를 깊이 묵상
   해 보세요.

....

....

....

....

....

Ⅲ-5. 믿음

믿음은 바라는 것들의 실상이요
보이지 않는 것들의 증거니

히브리서 11장 1절

추운 겨울 한 사람이 집 주변에 있는 빙판길을 건너려고 하고 있었다. 그 호수는 살얼음판이었다. 그런데 이 사람은 이 호수가 분명히 단단하게 얼었을 거라고 확신하고 있었다. 그는 "분명 꽝꽝 얼었을 거야 끄덕없어. 나는 확실히 믿어!" 라고 스스로를 믿고 호수를 건넜지만 빠질 수밖에 없었다. 한편 또 다른 한 사람은 얼어있는 빙판길을 건너면서 의심이 생겼다. 혹시 가운데 살얼음이 있을지도 모른다며 조심조심 걸었다. 그런데 그 호수는 아주 단단히 얼어있는 상태였다. 그는 "호수에 빠지면 어떻게 하나? 난 호수가 완전히 얼었다는 것을 완전히 믿을 수 없어!"라며 조심조심 걸었지만 호수가 단단히 얼었기 때문에 안전하게 건널 수 있었다. 중요한 것은 사람의 주관적인 확신이 아니라, 호수의 상태 즉 믿음의 대상이 누구이며, 그 대상이 신뢰할 만한 분인지가 중요하다는 말이다. 즉, 나의 확신과 담대한 믿음이 중요한 것이 아니라 내가 믿는 대상이 누구냐가 더 중요하다는 것이다.

사람들이 하나님을 믿는다는 이야기는 많이 하는데, 그들의 믿음은 과연 무엇인가 생각하게 될 때가 많다. 하나님을 수 십년을 믿었다고 하는 연수보다 중요한 것은 내가 믿는 하나님이 어떤 분인지를 분명하게 아는 것이 더 중요하다. 우리가 하나님을 믿는다고 하는데, 정말 하나님이 어떤 분인지 정확하게 알고, 그 하나님을 온전히 신뢰하는지가 더욱 중요하다는 말이다.

성경은 믿음에 대해 다양하게 말씀하고 있는데, 오늘 읽은 히브리서 11장 6절에서는 믿음이 있어야 하나님을 기쁘시게 한다고 말씁한다.

"믿음이 없이는 하나님을 기쁘시게 하지 못하나니 하나님께 나아가는 자는 반드시 그가 계신 것과 또한 그가 자기를 찾는 자들에게 상주시는 이심을 믿어야 할지니라"(히브리서 11장 6절, 개역개정).

우리가 하나님을 기쁘시게 하려면 믿음이 필요하다는 것이다.

그런데, 이 믿음은 첫째, 하나님이 계신 것을 믿는 것이다. 즉 하나님께서 지금도 살아계시고, 세상이 창조되기 이전에도 계셨고, 장차 오실 분이며, 전능자라는 것을 믿는 것이다. 하나님은 우주 만물을 창조하셨고, 지금도 그 우주를 운행하시며, 우리의 삶을 주관하신다. 하나님은 예전에 죽은 하나님이 아니라 지금도 살아계셔서 우리의 삶에 함께하시고, 우리의 삶을 인도하고 계신다는 것을 믿는 것이 믿음이라는 것이다. 이 믿음이 있어야 하나님이 기뻐하신다. 교회를 오래 다니신 분들도 하나님에 대한 믿음, 하나님에 대한 신뢰를 가지고 있다고 생각했는데 갑자기 찾아오는 엄청난 삶의 문제와 고난 가운데서 이 믿음이 흔들리고는 한다.

우리는 연약해서 예상치 못한 풍랑이 불어 닥칠 때 흔들릴 수 있다. 이 문제가 너무도 커 보이고, 우리의 삶을 덮치려고 느껴질 때 불안하고 염려하며, 이런 고통, 고난 속에서도 하나님이 함께 하시고, 지켜주신다는 것을 믿지 못할 때도 있다.

도종환 시인은 "흔들리지 않고 피는 꽃이 어디 있으랴" 했다. 우리의 믿음 역시 때때로 흔들리기도 하지만, 그런 과정을 통해서 믿음이 단단해지고, 믿음의 꽃을 피우게 된다. 우리 삶이 어려움을 만날 때 흔들릴 수도 있고, 그 문제로 두려움과 불안에 싸일 수 있다. 그러나 기억할 것은 그때에도 하나님이 우리와 함께 하신다는 것이다. 우리와 함께 하시는 하나님은 세상보다 크신 분이며, 우리의 문제보다 크신 분이라서 그 문제를 해결할 능력이 있는 전능자시다. 이 사실을 기억하고, 히브리서 11장 6절 말씀을 붙들고 의지함으로, 모든 염려와 걱정에서 벗어날 수 있다.

의사가 불가능하다고 말하는 암과 같은 질병 앞에서, 도저히 변화될 수 없을 것 같은 캄캄한 현실 앞에서 좌절하고 절망의 공포가 밀려올 때, 하나님은 반드시 살아계시고, 지금 나와 함께 하시며 이 모든 절망을 희망으로 바꿀 수 있는 분이라는 사실을 기억하자. 이것은 내가 하나님은 그 모든 문제를 해결할 수 있다고 확신을 가지고 있든, 하나님은 이 문제를 해결하지 못할 것이라고 생각하든 상관이 없다. 우리의 어떤 확신과 상관없이 하나님은 능치 못함이 없으시며 못 고칠 질병이 없으신 분이다.

둘째로, 하나님을 믿는다는 것은 하나님을 찾는 자들에게 상 주신다는 사실을 믿어야 한다. 하나님께 나아가며, 그분을 찾는 자에게 하나님은 반드시 상을 주시는 분이다. 부모가 그 자녀에게 좋을 것을 주고 싶어 하는 마음은 당연하다. 하나님은 자녀인 우리에게 상 주기를 원하시는 분이며, 복 주시기를 원하는 분이다. 궁극적으로 이 상은 천국에서 받게 될 생명의 면류관이다. 천국에서 하나님이 주시는 영원한 생명을 상으로 받게 된다. 동시에 이 세상 속에서도 하나님은 우리에게 상을 주신다. 왜냐하면 우리는 연약해서, 눈으로 보이는 상을 보아야, 보이지 않는 천국에서 주시는 상도 기대할 수 있기 때문이다. 내가 아무리 열심히 기도해도 변화가 일어나지 않아서 절망 가운데 있을지라도, 그를 찾는 자들에게 하나님은 반드시 상주시는 이심을 믿어야 한다. 우리가 오랫동안 한 가지 기도제목으로 기도하다 보면 이 믿음이 흔들릴 수도 있다.

성경에는 노아 이야기가 나온다. 하나님께서 어느 날 노아에게 찾아오셔서 내가 악으로 가득한 이 세상을 비로 심판할 것이니 너는 큰 배를 만들라고 명령하신다. 노아는 하나님의 말씀대로 산꼭대기 올라가 120년 동안 배를 만들었다. 사람들은 그런 노아를 향하여서 손가락 질 하며, 조롱했을 것이다. 노아도 120년 동안이나 배를 만들면서 정말 홍수로 세상을 심판하는 날이 올 것인가에 대하여 의심하며 이 배를 계속 만들어야 하는지 흔들릴 때도 있었을 것이다. 그러나 노아는 믿음으로 120년 동안 배를 지어 마침내 홍수로 세상을 심판하실 때 구원을 받게 된다.

성경의 인물 아브라함도 마찬가지다. 어느 날 하나님께서 아브라함을 찾아오셔서 너의 고향, 친척 아버지 집을 떠나면 내가 너에게 수많은 자손을 줄 것이다라고 약속해 주셨다. 그러나 하나님은 아브라함(당시 75세)이 고향을 떠났지만, 그 아들을 바로 주시지 않았다. 이삭은 25년이라는 세월이 지난 후에 주신 아들이다. 하나님을 아브라함이 75세 때 아이를 주실 수 있는 분이다. 그러나 하나님은 원대한 계획이 있으셔서 그 아들을 100세에 주셨다.

하나님은 지금도 살아계시고, 우리와 함께 하시며 능치 못할 일이 없으신 분이다. 단지 우리가 흔들릴 뿐이다. 하나님은 변함이 없으시며 능력이 무한하신데 우리가 믿음이 없을 뿐이다. 기도를 하다 보면, 마음에 확신이 들 때가 있다. 성령 하나님이 내 마음을 뜨겁게 하시고, 오늘은 반드시 내 삶의 변화가 있을 것이라는 확신이 들었는데도 내 삶의 변화가 하나도 없을 때가 있다. 그때의 절망감은 이루 말할 수 없다. 그러나 오랜 시간이 지나고 문득 뒤돌아보면 그 기도가 응답 된 것을 본다. 우리의 믿음이 완성되는 것은 '인내'로 나타난다. 하나님은 우리에게 때때로 인내를 요구하신다. 끝까지 인내하는 자에게 상을 주시는 것이다. 우리가 하나님을 처음 믿기 시작하고, 믿었으니 상을 바로바로 주시면 좋을 텐데 하나님은 그러지 않으신다. 믿음의 사람은 모두 인내의 시간을 거친다. 우리가 견딜 때 무슨 힘으로 버틸 수 있을까? 하나님이 살아 계시다는 것을 믿는 그 힘으로 견딜 수 있다. 견딜 수 있는 힘이 곧 믿음이다. 하나님이 살아계신 것을 확실히 믿고, 믿음이 생겼다고 큰소리를 친다고 믿음이 생기는 것이 아니라, 어려운 상황 속에서, 도저히 받아들일 수 없는 절망 가운데서도 하나님이 나와 함께 하신다는 것을 믿는 것이 믿음이며, 하나님을 찾는 자에게 상 주시는 이심을 믿는 것이 믿음이다. 이 믿음을 하나님이 기뻐하신다. 무엇인가 우리가 하나님을 위해 엄청난 일을 하는 것을 기뻐하시는 것이 아니라 어떤 상황 속에서도 하나님이 함께하심을 믿으며 견디는 것을 기뻐하신다. 분명한 것은 하나님의 때에 하나님의 방법으로 반드시 우리의 상황을 변화시키며, 상을 주시는 분이시다.

「"믿음은 바라는 것들의 바탕이요, 보이지 않는 것들의 증거입니다.

실상 옛 조상들은 믿음이 있었기에 좋은 증언을 받았습니다.

믿음으로 우리는, 하나님께서 말씀으로 이 세상을 창조하셨다는 것, 곧 보이는 것은 나타나 있는 것에서 생기지 않았음을 깨닫습니다.

믿음으로 아벨은, 가인보다 더 훌륭한 제물을 하나님께 바쳤습니다. 이런 제물을 바침으로 말미암아 그는 의인이라는 증언을 받았으니, 하나님께서 그의 예물을 두고 증언하여 주신 것입니다. 그는 죽었지만, 그 믿음을 매개로 해서, 아직도 말하고 있습니다.

믿음으로 에녹은, 죽지 않고 하늘로 옮겨 갔습니다. 하나님께서 그를 옮겨 가셨으므로, 우리는 그를 찾을 수 없었습니다. 옮겨 가기 전에, 그는 하나님을 기쁘시게 해드렸다는 증언을 받은 것입니다.

믿음이 없이는 하나님을 기쁘게 해드릴 수 없습니다. 하나님께 나아가는 사람은, 하나님께서 계시다는 것과 하나님께서는 자기를 찾는 사람들에게 상을 주시는 분이라는 것을 믿어야 합니다.

믿음으로 노아는, 하나님께서 아직 보이지 않는 일들을 지시하셨을 때에, 경외심을 가지고 방주를 지어서, 자기 가족을 구원하였습니다. 그래서 그는 세상을 정죄하고, 믿음을 따른 의를 유업으로 받는 사람이 되었습니다.

믿음으로 아브라함은, 부르심을 받았을 때에 순종하여, 장차 분

깃으로 받을 땅으로 나갔습니다. 그런데 그는 어디로 가는지를 알지 못하였지만, 떠난 것입니다.

믿음으로 그는, 마치 타국에서와 같이 약속의 땅에서 거류하며, 같은 약속을 함께 물려받을 이삭과 야곱과 더불어 장막에서 살았습니다.

그는, 하나님께서 설계하시고 세우실, 튼튼한 기초를 가진 도시를 바라고 있었던 것입니다.

믿음으로 사라는, 나이가 지나서 수태할 수 없는 몸이었는데도, 임신할 능력을 얻었습니다. 이것은 그가, 약속해 주신 분을 신실하신 분으로 생각하였기 때문입니다.

그래서 죽은 사람이나 다름없는 한 사람에게서, 하늘의 별과 같이, 또 바닷가의 모래와 같이, 셀 수 없는 자손들이 태어났습니다."

」(히브리서 11장 1-12절,새번역성경)

"믿음은 바라는 것들의 실상이요
보이지 않는 것들의 증거니"

(히브리서 11장 1절)

/ 말씀 되새김 /

1. 하나님을 믿는다는 것은 무엇이라고 생각하는지 써보세요

---

2. 나는 하나님을 믿는 믿음이 있나요? (예/ 아니오)

---

3. 믿음이 있는 자에게 하나님은 무엇을 주신다고 생각하나요?

IV-1. 세상의 소금과 빛

너희는 세상의 빛이요

마태복음 5장 14절

손목시계가 필요해서 구입하려고 하면 그 가격이 천차만별이다. 어떤 것은 만원짜리도 있고, 또 명품 시계는 3천 만원 이상도 한다. 저렴한 몇 만원짜리 시계를 구입했는데도 이 시계가 수년이 지나고 꽤 오랜 시간이 지나도 고장 나지 않고, 잘 작동이 된다면 이 시계는 버려지지 않고 계속 사용될 것이다. 그런데 3천 만원이 넘는 명품시계를 샀는데 몇 달도 안 되어 고장 나고, 수리를 받아도 작동되지 않는 경우에는 이 시계는 아무리 고가라도 더 이상 쓸모가 없게되어 결국은 버려지게 될 것이다.

손목시계만이 아니라 어떤 물건이라도 마찬가지이다. 그것을 살 때의 목적대로 쓰여질 수 없다면, 아무리 화려하고 값비싼 물건이라도 이내 버려질 것이다. 보기에는 보잘 것 없어 보이고 초라해 보여도 그 기능대로, 목적대로 잘 사용된다면 계속 사용되고 가치 있는 물건이 되는 것이다.

결혼할 때 산 냉장고가 있다. 이 냉장고는 15년이 지났는데도 작동이 잘되고, 외관상으로는 작은 흠집들이 있기는 하지만 아직은 쓸만하다. 10년쯤 되면 보통 가전제품들이 고장이 자주난다고 하는데 지금까지 작은 문제 하나 없이 잘 작동되고 있다. 요즘은 4 도어, 5 도어 라고 해서 문이 4개, 5개인 냉장고가 나오는데 문이 2개인 우리 집 냉장고는 아직도 멀쩡하다. 가끔씩 나는 새로운 냉장고로 바꾸어 보고 싶다는 생각을 할 때도 있다. 그러나 지금 쓰고 있는 냉장고가 문제없이 잘 작동되고 있는데 선뜻 교체하기가 쉽지 않다. 무엇보다 그 냉장고는 여전히 나에게 가치 있는 제품이기 때문이다.

  몇 해 전에 스탠드형 김치냉장고를 산 일이 있었다. 최신형이었고, 나에게는 비싸게 느껴지는 가격이었지만, 필요해서 구입하게 되었다. 그런데 구입한 지 3년쯤 되었을 때 작동이 되다가 꺼지는 상황이 발생하고, 몇 번 수리를 받고, 수리비도 지불했지만 몇 개월 가지 않아서 또다시 작동이 멈추는 것이다. 본사에 연락을 하고, 고장난 부품들을 무상으로 교체도 해 보았지만 몇 개월 가지 않아서 또 고장이 났다. 나는 더 이상 어떻게 할 수 없다는 판단이 들었다. 외관은 너무도 깨끗하고 새것처럼 보이는 빛나는 김치냉장고였지만, 작동이 되지 않아 가만히 집에 두려고 하니 자리만 차지하고, 버리려고 하니 아까운 생각이 들었다. 그래서 얼마간 더 보관하고 있다가, 이사를 하게 될 때 폐가전제품으로 정리를 해 버렸다. 겉으로 볼 때 멀쩡하고 새것 같은 비싼 김치냉장고를 버리려고 하니 속상하였지만 버릴 수밖에 다른 방도가 없었다.

  예수님께서는 우리에게 세상의 소금과 빛이라고 말씀하신다.

「"너희는 세상의 소금이다. 소금이 짠맛을 잃으면 무엇으로 그 짠맛을 되찾게 하겠느냐? 짠맛을 잃은 소금은 아무데도 쓸 데가 없으므로 바깥에 내버려져서 사람들이 짓밟을 뿐이다. 너희는 세상의 빛이다. 산 위에 있는 동네가 숨겨지지 못할 것이요. 사람이 등불을 켜서 그릇 (bawl) 아래에다 내려놓지 아니하고, 등경 위에다 놓아둔다. 그래야 등불이 집 안에 있는 모든 사람에게 환히 비친다. 이와 같이, 너희 빛을 사람에게 비추어서, 그들이 너희와 착한 행실을 보고, 하늘에 계신 너희 아버지께 영광을 돌리게 하여라"」(

마태복음 5장 13절-16절, 새번역성경)

우리에게 예수님은 세상에 소금이라고 말씀하시며, 소금의 역할은 짠맛을 내는 것인데 짠맛을 잃어버리면 밖에 버려져서 사람들에게 밝힐 뿐이라 하신다. 예수님은 우리가 이 땅에 존재하게 하는 이유를 분명히 하셨다. 각자에겐 저마다 역할이 있고, 맡겨진 일들이 있으며, 우리는 그 역할을 잘 해내기 위해 존재한다. 소금된 우리가 예수님이 맡기신 역할들을 제대로 해내지 못하면 버려진다는 것이다.

또한 우리는 세상의 빛이라고 말씀하신다. 빛은 아무리 숨기려해도 숨겨지지 않는다. 우리 안에 예수그리스도가 있으면, 그리스도의 빛이 세상에 비치게 되어 있다. 우리가 아무리 내 안에 있는 예수님의 빛을 숨기려고 애를 써도 숨겨지지 않는 것이다. 따라서 주변에 있는 사람들은 내 안에 있는 예수 그리스도의 빛으로 인해 밝아지는 경험을 하게 될 것이다.

우리 안에 있는 예수그리스도의 빛- 착한 행실을 세상에 나타내어서, 하나님께 영광을 돌리며 살아야 하는 것이 바로 우리의 존재 이유이며, 존재의 목적이다. 빛된 우리가 우리에게 맡겨진 상황 속에서 최선을 다해 나누고 섬기며 살아갈 수 있기를 소망한다. 그런 삶을 통해서 하나님의 영광이 드러날 것이기 때문이다.

"너희는 세상의 빛이라 산 위에 있는 동네가 숨겨지지 못할 것이요
사람이 등불을 켜서 말(bawl) 아래 두지 아니하고
등경 위에 두나니 이러므로 집 안 모든 사람에게 비치느니라"

(마태복음 5장 14~15절)

/ 말씀 되새김 /

1. 예수님은 우리에게 세상의 무엇이라고 말씀하셨나요?

....

....

....

2. 세상의 빛과 소금으로서 역할을 하지 못하고 산다면, 우리는 어떻게 될까요?

....

....

....

3. 세상의 빛과 소금역할을 하기위해 오늘 내가 할수 있는 일을 써보세요

....

....

....

IV-2. 아침밥을 차려주시는 예수님

예수께서 이르시되
와서 조반을 먹으라

요한복음 21장 12절

요즘 방영하는 TV 프로그램 중 '금쪽같은 내새끼'는 도저히 부모가 교육하기 힘든 자녀들을 관찰하고, 잘못된 행동들을 고치기 위해 부모들의 언행이나 교육 방법을 수정하도록 도와주는 프로그램이다. 가끔은 도저히 어린아이가 하는 행동이라고 믿기 어려울 만큼 폭력적이고, 거칠며, 부모에게 욕까지 하는 아이들이 나온다.

이후 상담을 통해 그 아이의 내면의 깊은 말을 들으면, 스스로도 그런 행동을 하면 안된다는 것을 알고 있지만 잘되지 않는다고 한다. 또 자신의 옳지 못한 행동 때문에 죄책감으로 힘들어하는 모습을 보인다. 스스로 통제하기 힘들어 난폭한 행동을 하고는 혹시 우리 부모님이 나를 소중하게 여기지 않으면 어쩌나, 나를 떠나면 어쩌나 염려하고 걱정하기도 한다. 그러나 어떤 부모라도, 아이가 아무리 미운 짓을 하고 거친 행동을 한다 해도 여전히 그 아이를 사랑하고, 소중하게 여긴다. 자녀들이 부모의 마음에 흡족한 행동을 해주면 좋겠지만, 혹 그렇게 하지 못하는 때에도 부모는 여전히 자녀들을 소중히 여기고, 자녀들을 사랑하는 마음은 변하지 않는다. 아이의 어떤 행동 때문에 사랑하는 것이 아니라, 그 아이의 존재 자체를 사랑하고 귀하게 여기기 때문이다.

성경에는 예수님을 3년 6개월 동안이나 따라다닌 제자들 이야기가 나온다. 이 제자들은 가족도 버리고, 직장도 버리고, 예수님의 부르심에 순종하여 예수님을 따랐다. 예수님을 따르는 동안, 예수님이 일으키신 수많은 기적을 보고, 정말 예수님만이 하나님의 참

아들이시며, 자신들을 괴롭히는 로마로부터 참 자유를 줄 수 있는 메시야라고 믿게 되었다.

예수님이 전해주시는 하나님 나라 이야기는 그들의 마음에 깊은 감동을 주어, 한 번도 들어보지 못한 진리의 말씀에 이끌려 열심히 따라다닌 것이다. 예수님은 자신이 십자가에 못 박혀 죽을 것을 아셨고 3일 만에 다시 살아날 것(부활)을 아셨기에, 제자들에게 여러 번 말씀하셨다. 그러나 제자들은 예수님이 죽는다는 것이 이해가 되지 않았고, 받아들이지도 않았다.

죽은 자를 살리시는 예수님, 수많은 기적과 표적을 일으키신 하나님의 아들이 가장 극한 처형에 해당하는 십자가에 매달려 죽는다는 것은 말이 안 되는 이야기여서 그들은 도저히 납득할 수 없었다. 그러나 예수님은 자신이 말씀하신 대로 십자가에 못 박혀 죽으셨다.

이 일 후에 예수님을 따르던 제자들은 두려움과 공포에 싸여, 다들 흩어져서 예수님 제자인 것을 숨기고 살았다. 가장 열심이 특심이던 수제자 베드로는 예수님이 살아계실 때에 다른 제자들은 다 예수님을 배반해도 자신은 끝까지 예수님을 따르겠다고 호언장담했지만, 예수님이 돌아가시자 예수님을 모른다고 3번이나 부인하였다.

예수님이 십자가에 달리신 후에, 모든 것을 잃은 것 같은 제자들은 자신들이 믿고 따르던 메시야는 허상인가?를 되물으며 절망과 두려움에 싸여 예수님을 따르기 전 고기 잡던 어부의 일을 하기 위해 고향으로 돌아왔다. 그리고 밤새 갈릴리 호수(디베랴호수)에서 물고기를 잡으려 했지만 한 마리도 못 잡고 새벽을 맞이하게 된다.

실패한 인생, 절망과 두려움 가운데 헤매는 인생, 예수님을 부인한 후 죄책감으로 고통받는 인생, 되는 것이 하나도 없다고 여기는 베드로와 제자들에게 예수님이 부활(십자가에 못 박혀 죽으셨다가 3일만에 다시 살아나심)하셔서 나타나시는 이야기가 오늘 내용이다.

「그 뒤에 예수께서 디베랴 바다에서 다시 제자들에게 자기를 나타내셨는데, 그가 나타나신 경위는 이러하다. 시몬 베드로와 '쌍둥이'라고 불리는 도마와 갈릴리 가나 사람 나다나엘과 세베대의 아들들과 제자들 가운데서 다른 두 사람이 한 자리에 있었다.

시몬 베드로가 그들에게 "나는 고기를 잡으러 가겠소" 하고 말하니, 그들이 "우리도 함께 가겠소" 하고 말하였다. 그들이 나가서 배를 탔다. 그러나 그 날 밤에는 고기를 한 마리도 잡지 못하였다. 이미 동틀 무렵이 되었을 때에, 예수께서는 바닷가에 서 계셨다. 그러나 제자들은 그가 예수이신 줄을 알지 못하였다.

그 때에 예수께서 제자들에게 "얘들아, 무얼 좀 잡았느냐?" 하고 물으셨다. "못 잡았습니다" 하고 그들이 대답하니,

예수께서 그들에게 "그물을 배 오른쪽에 던져라. 그러면 잡을 것이다" 하고 말씀하셨다. 제자들이 그물을 던지니, 고기가 너무 많이 걸려서, 그물을 끌어올릴 수가 없었다.

예수께서 사랑하시던 그 제자가 베드로에게 "저분은 주님이시다" 하고 말하였다. 시몬 베드로는 주님이라는 말을 듣고서, 벗은 몸에 겉옷을 두르고 바다로 뛰어내렸다.

그러나 나머지 제자들은 배를 탄 채로, 고기가 든 그물을 끌면서, 해안으로 나왔다. 그들은 육지에서 백 자 남짓밖에 떨어지지 않은 곳에 들어가 있었다.

그들이 땅에 올라와서 보니, 숯불을 피워 놓았는데, 그 위에 생선이 놓여 있고, 빵도 있었다.

예수께서 제자들에게 말씀하셨다. "너희가 지금 잡은 생선을 조금 가져 오너라."

시몬 베드로가 배에 올라가서, 그물을 땅으로 끌어내렸다. 그물 안에는 큰 고기가 백쉰세 마리나 들어 있었다. 고기가 그렇게 많았으나, 그물이 찢어지지는 않았다.

예수께서 그들에게 "와서 아침을 먹어라" 하고 말씀하셨다. 제자들 가운데서 아무도 감히 "선생님은 누구십니까?" 하고 묻는 사람이 없었다. 그가 주님이신 것을 알았기 때문이다.

예수께서 가까이 와서, 빵을 들어서 그들에게 주시고, 또 생선도 주셨다.

예수께서 죽은 사람들 가운데서 살아나신 뒤에 제자들에게 자기를 나타내신 것은, 이번이 세 번째였다.」 (요한복음 21장 1절-14절, 새번역 성경)

인생의 벼랑 끝에서 자신들이 해오던 일이라 잘 할 수 있다고 덤볐지만 밤새도록 한 마리도 잡지 못한 채 온몸과 마음이 지쳐 쓰러져 가는 제자들에게 부활(예수님이 십자가에 못박혀 죽으셨다가 3일만에 다시 살아나심)하신 예수님이 나타나셔서, 배 오른편에 그물을 던지라고 말씀하신다. 제자들은 그때까지도 예수님이신지 몰랐다. 말씀대로 오른편에 그물을 던져 153마리 물고기를 잡았을 때, 본능적으로 예수님이신 것을 알았다. 이런 기적을 일으키실 분은 예수님밖에 없었기 때문이다. 3년 6개월 동안 따라다니면서 보았던 예수님의 기적과 표적이 자신의 삶 속에 일어났다.

이후 그물을 정리하고 육지에 내려오는 베드로에게 예수님은 물고기와 떡을 준비하시고 아침을 먹으라고 말씀하신다. 밤새도록 물고기 잡느라고 배고팠을 베드로, 예수님을 부인했다는 죄책감으로 밤새 시달렸을 베드로, 예수님이 죽었다는 사실에 절망과 두려움으로 외로웠을 베드로를 향해 예수님은 어떤 책망도 하지도 않으시고, 그저 지친 제자들에게 아침을 차려주셨다. 예수님은 베드로가 자신을 3번 부인할 것을 미리 하셨지만, 베드로를 사랑하셨다. 예수님을 열심히 따라다니던 그때에도 사랑하셨고, 예수님을 부인하는 그 순간에도 사랑하셨고, 지금 지쳐있는 베드로도 사랑하신다.

예수님의 사랑은 어제나 오늘이나 내일이나, 우리의 어떤 행동과 어떤 형편과 상관없이 동일하시고 한결같으시다. 우리 인생에 소망이 없다고 말하는 그 자리에 찾아오셔서, 우리에게 아침밥을 차려주시고, 내가 너를 사랑한다고 말씀하시는 예수님의 음성을 들을 수 있기를 소망한다.

오늘의 말씀

"예수께서 이르시되 와서 조반을 먹으라 하시니 제자들이
주님이신 줄 아는 고로 당신이 누구냐 감히 묻는 자가 없더라"

(요한복음 21장 12절)

/ 말씀 되새김 /

1. 제자들이 예수님을 부인하고, 도망갔을 때 예수님은 제자들에게 찾아오셔서 무
   엇을 하셨나요?

....

....

....

2. 예수님의 차려주신 밥상에 앉은 제자들은 어떤 마음이 들었을까요?

....

....

....

3. 우리가 좌절하고 실패하여 넘어졌을 때 예수님은 우리에게 무슨 말씀을 하실지
   적어보세요

....

....

....

Ⅳ-3. 슬픈빛을 띠는 자들

그들의 눈이 밝아져
그인줄 알아보더니

누가복음 24장 31절

전 축구 국가대표 선수이자, 현재 축구 해설위원 이영표씨는 원래 예수님을 믿지 않는 사람이었다. 그는 선수생활할 때 주변에 친구들이 전도잔치에 한번만 가자고 해서 할 수 없이 교회를 한번 가기로 했다. 그러나 속으로 '나는 절대로 너희처럼 교회에 빠지지 않을 자신이 있어'라고 다짐했다. 그런 그가 성경공부를 하게 되었고, 그 가운데서 예수님을 만나서 지금은 아주 믿음이 좋은 사람이 되었다. 그는 예수님을 믿기 전에도 예수님이 항상 자기와 함께 계셨으나 그것을 깨닫지 못했다고 한다. 그러나 그가 예수님을 믿기 시작하니 그때부터 예수님이 자신과 늘 함께하신다는 것이 느껴지기 시작했다고 한다.

엠마오라는 마을로 가는 두 사람이 있었다. 엠마오는 예루살렘에서 11km 정도 떨어진 마을인데 그 두 사람은 예수님을 열심히 따라다니며 함께 생활하던 제자였다. 두 제자는 가정도 버리고, 직장도 버리고, 그들의 삶 전부를 예수님께 드렸다. 예수님께서 죽은 자를 살리시는 것도 보았고, 눈먼 자를 고치시는 것도 보았으며, 수 천명을 먹이는 기적을 보이실 때에도 함께 있었다. 예수님은 정말 하나님의 아들이시며, 우리를 건져주실 구원자, 메시아라고 굳게 믿고 있었다. 그런데 예수님께서 예루살렘에서 처참하게 십자가에 못 박혀 죽는 것을 경험하고 절망과 허탈함에 고향 엠마오로 돌아가는 길이었다.

"우리가 만났던 예수님은 정말 하나님의 아들이 맞는 걸까? 우리가 보았던 수많은 기적들은 다 허상이란 말인가? 모든 것을 할 수 있는 예수님이 어떻게 저 십자가에서 죽을 수가 있는가? 우리를 구원하실 메시아가 아니었던 것 같아" 하며 서로 이야기하며 걷고 있었다. 그들이 이야기하며 토론하고 있을 때, 예수께서 가까이 가서 그들과 함께 걸으셨다. 예수님은 제자들에게 말씀하신 것처럼 십자가에서 죽었다가 3일 만에 다시 살아나서 이들에게 나타난 것이었다. 그러나 그들은 눈이 가려져서 예수를 알아보지 못하였다.

「그런데 마침 그날 그들 가운데 두 사람이 예루살렘에서 한 삼십 리 떨어져 있는 엠마오라는 마을로 가고 있었다. 그들은 일어난 이 모든 일을 서로 이야기하고 있었다.

그들이 이야기하며 토론하고 있는데, 예수께서 몸소 가까이 가서, 그들과 함께 걸으셨다. 그러나 그들은 눈이 가리어서 예수를 알아보지 못하였다.

예수께서 그들에게 "두 분이 걸어가면서 서로 주고받는 이 말들은 무슨 이야기입니까?" 하고 물으셨다. 그들은 침통한 얼굴을 하고서, 걸음을 멈추었다.

그 때에 그들 가운데 하나인 글로바라는 사람이 예수께 말하기를 "예루살렘에 머물러 있었으면서, 이 며칠 동안에 거기에서 일어난 일을 혼자서만 모른단 말입니까?" 하였다.

예수께서 그들에게 물으셨다. "무슨 일입니까?" 그들이 예수께 말하였다. "나사렛 예수와 관련된 일입니다. 그는 하나님과 모든 백성 앞에서, 행동과 말씀에 힘이 있는 예언자이셨습니다.

그런데 우리의 대제사장들과 지도자들이 그를 법정에 넘겨 주어서, 사형 선고를 받게 하고, 십자가에 못박아 죽였습니다.

우리는 그분이야말로 이스라엘을 구원하실 분이라는 것을 알고서, 그에게 소망을 걸고 있었던 것입니다. 그뿐만 아니라, 그런 일이 있은 지 벌써 사흘이 되었는데,

우리 가운데서 몇몇 여자가 우리를 놀라게 하였습니다. 그들은 새벽에 무덤에 갔다가,

그의 시신을 찾지 못하고 돌아와서 말하기를, 천사들의 환상을 보았다고 하였습니다. 천사들이 예수가 살아 계시다고 말했다는 것입니다.

그래서 우리와 함께 있던 몇 사람이 무덤에 가서 보니, 그 여자들이 말한 대로였고, 그분을 보지 못하였습니다."

예수께서는 그들에게 말씀하셨다. "그대들은 참 어리석습니다. 예언자들이 말한 모든 것을 믿는 마음이 참 무딥니다.

그리스도가 반드시 이런 고난을 겪고서, 자기 영광에 들어가야 하지 않겠습니까?"

그리고 예수께서는 모세와 모든 예언자로부터 시작하여, 성경 전체에 자기에 관하여 쓴 일을 그들에게 설명해 주셨다.

그 두 길손은, 자기들이 가려고 하는 마을에 가까이 이르렀다. 그런데 예수께서는 더 멀리 가시려는 척하셨다.

그러자 그들은 예수를 만류하여 말하기를 "저녁때가 되고, 날이

이미 저물었으니, 우리 집에 묵으십시오" 하였다. 예수께서 그들의 집에 묵으려고 들어가셨다.

그리고 그들과 함께 음식을 잡수실 때에, 예수께서 빵을 들어서 축사하시고, 떼어서 그들에게 주셨다.

그제서야 그들의 눈이 열려서, 예수를 알아보았다. 그러나 그 순간 예수께서는 그들에게서 사라지셨다.

그들은 서로 말하였다. "길에서 그가 우리에게 말씀하시고, 성경을 풀이하여 주실 때에, 우리의 마음이 속에서 뜨거워지지 않았던가?"

그들이 곧바로 일어나서, 예루살렘에 돌아와서 보니, 열한 제자와 또 그들과 함께 있던 사람들이 모여 있었고,

모두들 말하기를 "주께서 확실히 살아나시고, 시몬에게 나타나셨다" 하는 것이었다.

그래서 그 두 사람도 길에서 겪은 일과 빵을 떼실 때에 비로소 그를 알아보게 된 일을 이야기하였다.」 (누가복음24장 13-35절, 새번역 성경)

예수님은 믿는 사람이나, 믿지 않는 사람이나 늘 우리 곁에 함께 계신다. 우리의 삶 가운데 함께 해주시고, 도와주시고, 보호해주시고, 우리의 갈 길을 인도해 주신다. 그러나 예수님을 내 마음에 모시고, 예수님이 나의 삶의 소망이며, 주인이라고 고백하는 자에게는 나와 함께 하시는 예수님을 경험하게 되고 만나게 된다. 그

러나 예수님이 이 세상에 없다고 믿는 자들에게는 보이지 않고, 만날 수도 없는 것이다.

오늘도 예수님은 우리가 절망 가운데 빠져있을 때, 고독과 외로움으로 헤매일 때, 수많은 삶의 문제들 앞에서 넘어져 있는 우리에게 찾아오시고, 우리와 함께하신다. 슬픈 빛을 띠는 우리에게 친히 찾아오셔서 우리를 일으키시며, 소망을 주시며, 우리를 도와주신다. 마음의 문을 열고, 예수님을 마음에 모시는 자, 보이지 않지만 믿음으로 고백하는 자는 예수님을 만나게 된다. 지금도 우리 곁에서 마음의 문을 두드리고 계시는 예수님의 음성에 문을 열 수 있기를 기대한다.

"그들의 눈이 밝아져 그인 줄 알아 보더니 예수는 그들에게
보이지 아니하시는지라 그들이 서로 말하되 길에서 우리에게
말씀하시고 우리에게 성경을 풀어 주실 때에 우리 속에서
마음이 뜨겁지 아니하더냐 하고" (누가복음 24장 31-32절)

"볼지어다 내가 문 밖에 서서 두드리노니 누구든지
내 음성을 듣고 문을 열면 내가 그에게로 들어가 그와 더불어
먹고 그는 나와 더불어 먹으리라" (요한계시록 3장 20절)

/ 말씀 되새김 /

1. 예수님이 지금 당신 옆에 함께 계시다는 것을 믿나요?

_____

_____

2. 예수님이 지금 나의 마음의 문을 두드리며, 문을 열면 내가 너에게로 들어가겠
   다고 말씀하신다면, 마음의 문을 열 준비가 되어있나요?

_____

_____

3. 예수님이 내 안에 오셔서, 내가 그분과 함께 산다면 어떤 마음이 들지 적어보세요.

_____

_____

Ⅳ-4. 포도나무 비유

내 안에 거하라
나도 너희안에 거하리라

요한복음 15장 4절

아이를 낳고 키우다 보면 아이들이 무슨 이유인지 정확히 알 수 없으나 울음을 터뜨리는 경우가 종종 있다. 낯선 환경에 있거나, 낯선 사람을 만났을 때, 때로는 어떤 상황에서 무엇이 마음에 들지 않을 때, 친근한 사람들과 함께 있을 때 조차도 무엇이 불편한지 갑자기 울기 시작한다. 그럴 때는 어떻게든 달래보려 해도 쉽지가 않다. 그런데 참 신기하게도 엄마가 아이를 안아주면 어느새 아이는 울음을 그치고 안정감을 찾아간다. 아이는 엄마 품속에서 비로소 평안하고, 엄마의 따스한 목소리에서 안정을 느낀다. 아이들은 밤에 자다가 깨서도 울곤 한다. 나는 그럴 때마다 일어나서 아이를 안아주든지, 누워있는 아이를 토닥거리며 다시 재우곤 했다.

돌이 좀 지난 어느 날이었다. 아이가 밤에 잠을 자다가 뒤척였는데 아이의 움직임을 내가 느끼지 못했었나 보다. 내가 옆에서 자고 있었는데도 갑자기 "엄마! 엄마!"를 외치며 우는 것이다. 눈도 뜨지도 않은 채 그저 엄마가 옆에 없다는 불안감을 느꼈는지 나를 애타게 찾는다. 그날은 너무 피곤해서 일어나기가 힘이 들었다. 그래서 잠이 덜 깬 채로 그냥 누워서 "하늘아, 엄마 여기 있다. 엄마 여기 있어"라고 말만 했다. 아이를 토닥거려 준 것도 아니요, 손을 잡아준 것도 아니다. 그저 피곤함에 지쳐 말만 했는데 신기하게도 아이가 나의 목소리를 듣고는 울음을 그치고 다시 잠을 자는 것이다. 그 이후로 종종 아이가 밤에 깨서 울면 나는 누워서 "엄마 여기 있어. 네 옆에 있어 하늘아"라고 말해 주었고, 아이는 금세 다시 잠이 들곤 했다. 엄마가 옆에 있다는 사실을 알게만 되어도 아이는 두려움과 공포에서 다시 안정감을 찾게 되는 것 같았다.

아이들이 엄마 품속에 있을 때 평안함을 누리듯 포도나무 가지는 포도나무에 붙어 있을 때 비로소 열매를 맺으며 풍성할 수 있다. 예수님은 비유를 들어서 하나님 나라 이야기를 많이 해주셨다. 예수님은 자신은 참 포도나무요, 하나님 아버지는 농부이시고, 우리는 포도나무에 붙어 있는 가지에 비유하셨다.

「"나는 참 포도나무요, 내 아버지는 농부이시다.

내게 붙어 있으면서 열매를 맺지 못하는 가지는, 아버지께서 다찍어 버리시고, 열매를 맺는 가지는 열매를 더 많이 맺게 하려고 손질하신다. 너희는, 내가 너희에게 말한 그 말로 말미암아 이미 깨끗하게 되었다.

언제나 내 안에 머물러 있어라. 그러면 나도 너희 안에 머물러 있겠다. 가지가 포도나무에 붙어 있지 않으면, 스스로 열매를 맺을 수 없는 것과 같이, 너희도 내 안에 머물러 있지 않으면, 열매를 맺을 수 없다.

나는 포도나무요, 너희는 가지다. 사람이 내 안에 머물러 있고, 내가 그 사람 안에 머물러 있으면, 그는 많은 열매를 맺는다. 너희는 나를 떠나서는 아무것도 할 수 없다.

사람이 내 안에 머물러 있지 않으면, 그는 쓸모 없는 가지처럼, 버림을 받아서 말라 버린다. 사람들이 그것을 모아다가, 불에 던져서 태워 버린다.

너희가 내 안에 머물러 있고 나의 말이 너희 안에 머물러 있으면, 너희가 무엇을 구하든지 다 그대로 이루어질 것이다.

너희가 열매를 많이 맺어서 나의 제자가 되면, 이것으로 나의 아버지께서 영광을 받으실 것이다.

아버지께서 나를 사랑하신 것과 같이, 나도 너희를 사랑하였다. 너희는 내 사랑 안에 머물러 있어라.

너희가 나의 계명을 지키면, 나의 사랑 안에 머물러 있을 것이다. 그것은 마치 내가 나의 아버지의 계명을 지켜서 그 사랑 안에 머물러 있는 것과 같다.

내가 너희에게 이러한 말을 한 것은, 나의 기쁨이 너희 안에 있게 하고, 또 너희의 기쁨이 넘치게 하려는 것이다.

나의 계명은 이것이다. 내가 너희를 사랑한 것과 같이, 너희도 서로 사랑하여라.

사람이 친구를 위하여 목숨을 버리면 이보다 더 큰 사랑은 없다.

내가 너희에게 명한 것을 다 행하면 너희는 내 친구다.

이제부터는 내가 너희를 종이라고 부르지 않겠다. 종은 주인이 무엇을 하는지 알지 못한다. 나는 너희를 친구라고 불렀다. 내가 아버지에게서 들은 모든 것을 너희에게 알려 주었기 때문이다.

너희가 나를 택한 것이 아니라, 내가 너희를 택하여 세운 것이다. 그것은 너희가 가서 열매를 맺어, 그 열매가 언제나 남아 있게 하려는 것이다. 그리하여 너희가 내 이름으로 아버지께 구하는 것은 무엇이나 받게 하려는 것이다.

　내가 너희에게 명하는 것은 이것이다. 너희는 서로 사랑하여라."」

(요한복음15장1절-17절, 새번역성경)

　　포도나무 가지는 포도나무에 붙어 있을 때만 열매를 풍성히 맺을 수 있다. 가지가 자신은 튼튼하고 힘이 있어서 혼자서도 충분히 열매를 맺을 수 있다고 포도나무에서 떨어져 나오면, 아무리 튼튼한 가지라도 말라 버려진다. 그러나 가지가 힘이 없고 연약하여 금방 부러질 것 같아도 포도나무에 잘 붙어 있고, 농부로부터 영양분을 잘 공급 받으면 많은 열매를 맺는 것이다. 예수님은 포도나무요 우리는 가지다. 포도나무 되시는 예수님 곁에 꼭 붙어 있어야 한다. 꼭 붙어 있기만 하면 되는 것이다. 그러면 하나님 아버지로부터 따스한 햇볕과 적당한 물과 바람을 공급받아서, 때가 차매 많은 열매를 주렁주렁 맺게 되는 것이다.

　　우리 역시도 스스로 어떤 대단한 일을 이루고, 가진 것이 많아서, 열심히 노력해서 큰일을 이루는 것이 아니다. 그저 예수님을 내 안에 모시고, 나는 예수로 더불어 살고, 예수는 나로 더불어 같이 사는 것으로 충분하다. 그렇게 살면 내 삶에 풍성한 열매를 아버지께서 맺게 하시고, 그 열매를 통해 하나님의 영광을 보게 될 것이다.

"내 안에 거하라 나도 너희 안에 거하리라
가지가 포도나무에 붙어 있지 아니하면 스스로 열매를
맺을 수 없음 같이 너희도 내 안에 있지 아니하면 그러하리라"

(요한복음 15장 4절)

"너희가 나를 택한 것이 아니요. 내가 너희를 택하여 세웠나니
이는 너희로 가서 열매를 맺게 하고 또 너희 열매가
항상 있게 하여 내 이름으로 아버지께 무엇을 구하든지
다 받게 하려 함이라" (요한복음 15장 16절)

/ 말씀 되새김 /

1. 내가 가진 어떤 것을 의지하여서, 나의 힘으로 어떤일이든 할수 있다고 생각한
적이 있습니까? 있다면 적어보세요.

....

....

2. 나는 힘이 없고, 가진 것이 없으며, 의지 할것이 없어도 내 삶에서 풍성한 열매
를 맺을수 있습니다. 그 이유는 무엇입니까?

....

....

3. 포도나무 가지가 풍성한 열매를 맺기 위해 해야 할 일은 무엇일까요?

....

....

IV-5. 하나님의 의

하나님의 한 의가 나타났으니

로마서 3장 21절

종교를 가지고 있든 가지고 있지 않든 사람들은 자신이 착하게 살고 좋은 일을 많이 하면 자녀들이 복을 받게 되고 자신의 삶도 복을 받을 것이라는 막연한 믿음을 가지고 있다. 동시에 자신이 행하는 선행으로 자신의 잘못과 죄를 씻을 수 있다고 생각하기도 한다. 그러나 착하게 살려고 하고 좋은 일을 많이 하면서 살려고 노력하지만, 우리 안에 있는 죄성이 있다는 것을 발견한다. 수많은 규칙과 법을 지키려고 노력하지만, 때때로 우리는 교통법규를 위반하는 경우도 있고, 모든 규칙과 법을 다 지킬 수 없는 한계를 가진 유한한 인간임을 발견하게 된다. 또 우리 안에 있는 수많은 미움과, 다툼, 욕심 등 어두움이 있어서 많은 사람을 미워하고 비방하며, 나는 다른 사람들과 다르다고 생각 하지만 가만히 들여다보면 내 안에도 비슷한 점이 있다는 것을 발견한다.

우리는 그런 존재이다. 태어날 때부터 죄인이며, 여전히 죄의 사슬에 묶여서 살아가는 존재이다. 성경에는 많은 율법학자들이 등장한다. 그들은 전통적으로 내려오는 613가지 율법을 모두 지키고 살면 자신들이 깨끗하고, 하나님 앞에서 의롭다고 칭찬을 받는다고 생각하였다. 그래서 날마다 그 율법(법규)을 지키려고 얼마나 노력하는지 모른다. 그러나 하나님은 우리에게 수많은 율법과 규칙을 지킴으로 우리가 깨끗해지고 죄로부터 자유로워진다고 말씀하지 않는다.

「그러나 이제는 율법과는 상관없이 하나님의 의가 나타났습니다. 그것은 율법과 예언자들이 증언한 것입니다. 하나님의 의는 예수 그리스도를 믿는 믿음을 통하여 모든 믿는 사람에게 옵니다. 거기에는 아무 차별도 없습니다.

모든 사람이 죄를 범하였으므로, 하나님의 영광에 이르지 못합니다.

그러나 사람은, 그리스도 예수 안에 있는 속량을 힘입어서, 하나님의 은혜로 값없이 의롭게 하여 주심을 받습니다.

하나님께서 이 예수를 사람에게 속죄제물로 주셨습니다. 누구든지 그 피를 믿으면 속죄함을 받습니다. 하나님께서 이렇게 하신 것은, 사람들이 이제까지 지은 죄를 너그럽게 보아 주심으로 자기의 의를 나타내시려는 것입니다.

하나님께서 길이 참으시는 가운데, 지금 이 때에 자기의 의를 나타내신 것은, 하나님께서는 의로우신 분이시라는 것과 예수를 믿는 사람은 누구나 의롭게 하여 주신다는 것을 나타내시려는 것입니다.

그렇다면, 사람이 자랑할 것이 어디에 있습니까? 전혀 없습니다. 어떠한 법으로 의롭게 됩니까? 행위의 법으로 됩니까? 아닙니다. 믿음의 법으로 됩니다.

사람은, 율법의 행위와는 상관없이, 믿음으로 의롭게 하여 주심을 받는다고 우리는 생각합니다.

하나님은 유대 사람만의 하나님이십니까? 이방 사람의 하나님도 되시는 분이 아닙니까? 그렇습니다. 이방 사람의 하나님도 되십니다.

참으로 하나님은 오직 한 분뿐이십니다. 그러므로 하나님은 할례를 받은 사람도 믿음으로 의롭게 하여 주시고, 할례를 받지 않은 사람도 믿음으로 의롭게 하여 주십니다.

그러면 우리가 믿음으로 율법을 폐합니까? 그럴 수 없습니다. 도리어 율법을 굳게 세웁니다.」(로마서 3장 21-31절,새번역 성경)

하나님은 우리 인간의 죄성을 알고 계셨다. 모든 사람은 죄인이며, 의인은 없나니 하나도 없다고 말씀하신다. 우리 모두는 죄인이다. 우리 자신이 죄인이라는 것을 인정할 때 비로소 하나님을 만날 수 있다. 어떤 사람은 나는 나름대로 열심히 살려고 노력하고 죄를 짓지 않고 살려고 노력했는데 왜 내가 죄인인가 하는 의문이 들지도 모른다. 사람은 도덕적인 죄를 범하기 전에 근본적으로 하나님을 떠난 죄인이다. 하나님께서는 자신이 만든 사람들이 자신과 함께 살도록 만드셨다. 그러나 사람의 욕심과 탐욕, 사단의 꾐에 넘어가 하나님을 떠나고 멀어진 것이다. 하나님을 떠난다는 것은 결국 죄의 길로 들어선 것이다. 왜냐하면 오직 유일하신 하나님만이 참 진리이시며, 의로우신 분이기 때문이다.

완전하시며, 한계가 없으신 무한하신 하나님께서 우리 인간이 죄로 인해 고통당하는 것을 불쌍히 여기시고, 하나님이 만드신 사람들이 그 죄로부터 자유롭게 되어 영원한 생명, 천국을 누리게 하기 위해 예수 그리스도를 이 땅에 보내셨다.

누구든지(부자나 가난한 자나, 장애를 가진 자나, 건강한 자나,

남자나 여자나, 어린아이나 노인이나, 창녀나 죄인이나 이 땅의 모든 사람들이) 예수를 믿기만 하면, 그분이 우리 죄를 대신해서 지시고 십자가에서 죽으셨고, 나는 예수님이 흘리신 피로 인해 모든 죄에서 자유하게 되었음을 믿기만 하면 죄 사함을 받게 된다.

하나님께서 우리에게 그저 주신 선물이 바로 예수님이다. 예수님을 믿기만 하면, 우리의 모든 죄가 깨끗하여지고, 이제는 하나님의 의로 새로워진 삶을 살게 된다. 그러나 많은 사람들은 이 사실을 믿지 못한다. 모든 죄에서 구원을 얻는 것은 돈이 필요한 것도, 권력이나 지식이 필요한 것도 아니다. 오직 우리가 마음의 문을 열고 예수님을 인정하고 받아들이면 된다. 어떤 착한 행위로 죄가 없어지는 것도 아니요, 노력이나 애씀으로 되는 것도 아니다. 오직 예수님을 믿는 믿음으로 구원(죄에서 건져짐)에 이른다.

예수님을 내 안에 주인으로 모시고 받아들일 때 모든 죄로부터 자유함을 얻게 되고 내 안에 있던 상처와 아픔으로부터 자유하게 된다. 진리 되신 예수님께서 우리가 묶여있던 모든 상처와 죄로부터 자유 하게 하시는 것이다. 그 예수님을 진실로 내 안에 모실 때, 우리는 의롭게 되는 것이다. 예수님과 함께 참 평안과 기쁨을 누리는 삶을 살게 될 수 있기를 소망한다.

"이제는 율법 외에 하나님의 한 의가 나타났으니
율법과 선지자들에게 증거를 받은 것이라
곧 예수 그리스도를 믿음으로 말미암아
모든 믿는 자에게 미치는 하나님의 의니 차별이 없느니라
모든 사람이 죄를 범하였으매 하나님의 영광에 이르지 못하더니
그리스도 예수 안에 있는 속량으로 말미암아
하나님의 은혜로 값 없이 의롭다 하심을 얻은 자 되었느니라"

(로마서 3장 21-24절)

/ 말씀 되새김 /

1. 천국에 들어가기 위해서 우리가 어떤 노력이 필요하다고 생각하나요?

_____

_____

2. 하나님께서 나를 죄에서 깨끗하게 하시고, 건져주시기 위해 누구를 보내셨나요?

_____

_____

3. 누구든지 예수님을 믿기만 하면 천국에 갈수 있다는 사실이 믿어지나요?

_____

_____

V-1. 달란트 비유

잘하였도다 착하고 충성된 종아

마태복음 25장 21절

사람들은 자신이 가진 것에 만족하고 살다가도, 자신보다 더 좋은 것을 가진 사람을 보면 부러워하기도 하고, 그 것 때문에 만족스럽던 삶도 불만족한 일로 바뀌는 경우가 많다. '상대적 박탈감'이라 표현할 수도 있을 것이다.

어느 도시에 아파트 재개발이 시작된다는 소문이 떠돌면서 집 값이 평소보다 2-3배 이상 올랐다. 한 어르신이 30년 넘게 살고 계신 오래된 집을 높은 가격에 팔고 다른 동네로 이사를 가셨다. 높은 가격에 집을 팔 수 있어서 기뻤고, 지금의 형편보다 조금 더 좋은 집으로 이사한 것에 감사하였다. 그런데, 얼마 후에 이웃집에 살던 사람이 더 높은 가격을 받고 집을 팔았다는 소문을 듣게 되자, 그때부터 기쁨과 만족은 사라지고, 좀 더 있다가 집을 팔았어야 했다며 후회를 하다가, 시름시름 앓기 시작하셨다. 이웃의 이야기를 듣지 않았을 때는 분명히 행복했는데 이웃의 이야기를 듣는 순간 비교하게 되고, 상대적 박탈감을 느끼게 된 것이다. 곰곰 생각하면 우리 모두에게는 각자가 자신의 가진 것에 만족하고, 그것으로 많은 일을 할 수 있는데, 다른 사람과 비교하느라 내가 가진 것을 잃어버릴 때가 많다.

성경의 달란트 비유는 이와 같은 우리의 민낯을 드러내어 밝히 보여준다.

「"또 하늘나라는 이런 사정과 같다. 어떤 사람이 여행을 떠나면서, 자기 종들을 불러서, 자기의 재산을 그들에게 맡겼다. 그는 각 사람의 능력을 따라, 한 사람에게는 5달란트를, 또 두 사람에게는 2달란트를, 또 다른 한 사람에게는 1달란트(달란트:그리스 화폐단위. 한 달란트는 한 사람이 20년 동안 일한 품삯의 액수)를 주고 떠났다. 다섯 달란트를 맡은 사람은 곧 가서, 그것으로 장사를 하여 다섯 달란트를 더 벌었다. 두 달란트를 받은 사람도 그와 같이 하여, 두 달란트를 더 벌었다. 그러나 한 달란트 받은 사람은 가서, 땅을 파고, 주인의 돈을 숨겼다. 오랜 뒤에 그 종들의 주인이 돌아와서 그들과 셈을 하게 되었다. 다섯 달란트를 맡은 사람은 다섯 달란트를 더 가지고 와서 말하기를, "주인님, 주인께서 다섯 달란트를 내게 맡기셨는데, 보십시오. 다섯 달란트를 더 벌었습니다" 하였다. 그의 주인이 그에게 말하였다. "잘하였다! 착하고 신실한 종아, 네가 적은 일에 신실하였으니 이제 내가 많은 일을 네게 맡기겠다. 와서 주인과 함께 기쁨을 누려라." 이번엔 두 달란트를 받은 사람이 다가와서 "주인님, 주인님께서 두 달란트를 내게 맡기셨는데, 보십시오, 두 달란트를 더 벌 벌었습니다" 하고 말하였다. 그의 주인이 그에게 말하였다. "잘했다, 착하고 신실한 종아! 네가 적은 일에 신실하였으니, 이제 내가 많은 일을 네게 맡기겠다. 와서, 주인과 함께 기쁨을 누려라." 그러나 한 달란트를 받은 사람은 다가와서 말하였다. "주인님, 나는 주인이 굳은 분이시라, 심지 않은 데서 거두시고, 뿌리지 않은 데서 모으시는 줄로 알고, 무서워하여 물러가서, 그 한 달란트를 땅에 숨겨 두었습니다. 보십시오. 여기에 그 돈이 있으니, 받으십시오." 그러자 그의 주인이 그에게 말하였다. "악하고 게으른 종아, 너는 내가 심지 않은 데서 거두고, 뿌리지 않은 데서 모으는 줄 알았다. 그렇다면, 너는 내 돈을 은행원에[1](bankers) 맡겼어야 했다. 그랬더라면, 내가 와서 내 돈에 이자를 붙여 받았을 것이다. 그에게서 한 달란트를 빼앗아서 열 달란트 가진 사람에게 주어라. 가진 사람에게는 더 주어서 넘치게 하고, 갖지 못한 사람에게서는 있는 것 마저 빼앗을 것이다. 이 쓸모없는 종을 바깥 어두운 데로 내쫓아라. 거기서 슬피 울며 이를 가는 일이 있을 것이다.", (마태복음 25장 14절-30절, 새번역성경)

　하나님께서는 우리들 각자에게 세상에서 살아갈 시간들을 맡겨주셨다. 사람마다 남은 시간이 얼마인지 알 수 없으나 우리는 그 시간동안 최선을 다하며 살아야 할 것이다. 하나님께서 맡기신 시간을 소중하게 생각하고, 그 시간을 잘 활용하여 하나님을 위하여, 이웃과 연약한 자를 도우며, 5달란트, 또는 2달란트를 더 남길 수 있는 삶이 되어야 한다. 내가 가진 것이 비록 1달란트처럼 적게 보일지라도, 그것은 결코 적은 것이 아니다. 1달란트는 노동자의 20년 품삯이니, 엄청나게 큰돈이다. 우리의 삶에 허락된 시간도, 건강도, 지혜도, 재능도 모두 하나님이 주신 것이고, 그것을 돈으로 환산하면 실로 엄청날 것이다.

　다른 사람들은 5달란트를 가졌는데 왠지 나만 1달란트를 가진

---

1) 새번역 성경에는 '돈놀이 하는 사람'이라 번역. NIV에 'bankers'라 번역됨에 은행원이라 사용.

것 같아서, 그것으로 불평하고 시간을 허비하기보다, 내게 주어진 것으로 최선을 다하는 삶을 하나님은 기뻐하시고, 1달란트를 가졌어도 성실한 자에게 더 큰 것을 맡길 것이다. 하나님께서는 우리에게 맡기신 지금 현재의 것을 가지고 성실하게 최선을 다하며 살아야 한다고 말씀하신다.

"그 주인이 이르되 잘하였도다 착하고 충성된 종아
네가 적은 일에 충성하였으매 내가 많은 것을 네게 맡기리니
네 주인의 즐거움에 참여할지어다 하고"

(마태복음 25장 21절)

/ 말씀 되새김 /

1. 달란트 비유에서 내게 하시는 하나님의 말씀을 적어보세요.

2. 내게 주신 말씀 가운데 한 단어를 적어보시고 그 단어로 기도해 보세요.

V-2. 열 처녀 비유

그런즉 깨어있으라

마태복음 25장 13절

어린아이는 엄마가 요리하는 모습을 보면 신기해하고 엄마가 하는 것은 무엇이든 따라 하고 싶어 한다. 그래서 엄마가 가지고 있는 부엌용 칼을 달라고 하기도 하고, 그것을 주지 않는다고 울기도 한다. 위험하다고 플라스틱 칼을 대신 주어도 울음을 그치지 않고, 엄마가 사용하는 부엌칼을 달라고 울고불고, 떼를 쓴다. 엄마는 아이를 너무도 사랑하지만, 아무리 떼를 써도 부엌칼은 줄 수가 없다. 절대로 주지 않는다. 그러나 그 아이가 장성하여 결혼을 하면, 그때는 엄마가 좋은 부엌용 칼을 정성껏 준비해서 자녀에게 선물한다. 칼을 사용할 수 있는 준비가 되었고, 칼이 꼭 필요하기 때문이다.

이처럼 우리 역시도 하나님 나라에 들어가려면 어린아이처럼 떼를 써서 들어가는 것이 아니라 준비가 되어야 한다. 마치 신랑을 맞이하는 신부가 등불에 기름을 채우듯이 말이다.

「 "그런데, 하늘 나라는 이런 일에 비길 수 있을 것이다. 처녀 열 사람이 등불을 마련하여, 신랑을 맞으러 나갔다. 그 가운데 다섯은 어리석고, 다섯은 슬기로웠다.

어리석은 처녀들은 등불은 마련하였으나, 기름은 여분으로 마련하지 않았다.

그러나 슬기로운 처녀들은 등불과 함께 통에 기름도 마련하였다.

신랑이 늦어지니, 처녀들은 모두 졸다가 잠이 들었다.

그런데 한밤중에 외치는 소리가 났다. '신랑이 온다. 나와서 맞이하여라.'

그 때에 그 처녀들이 모두 일어나서, 제 등불을 손질하였다.

미련한 처녀들이 슬기로운 처녀들에게 말하기를 '우리 등불이 꺼져 가니, 너희의 기름을 좀 나누어 다오' 하였다.

그러나 슬기로운 처녀들이 대답하기를 '그렇게 하면, 우리에게 나 너희에게나 다 모자랄 터이니, 안 된다. 차라리 기름 장수들에게 가서, 사서 써라' 하였다.

미련한 처녀들이 기름을 사러 간 사이에 신랑이 왔다. 준비하고 있던 처녀들은 신랑과 함께 혼인 잔치에 들어가고, 문은 닫혔다.

그 뒤에 나머지 처녀들이 와서 '주님, 주님, 문을 열어 주십시오' 하고 애원하였다.

그러나 그는 대답하여 말하기를 '내가 진정으로 말한다. 나는 너희를 알지 못한다' 하였다.

그러므로 깨어 있어라. 너희는 그 날과 그 시각을 알지 못하기 때문이다.'」(마태복음 25장 1절-13절,새번역 성경)

하나님 나라(천국)에 들어가려면 '믿음'이 준비되어 있어야 한다. 슬기로운 다섯 처녀가 등불에 채울 기름을 준비하였듯이, 우리는 신랑 되시는 예수님을 맞이할 기름을 준비해야 한다. 그 기름은 예수님이 나의 죄를 깨끗하게 하시는 구원자이심을 믿는 믿음이다. 또한 그분이 내 삶의 주인이며, 내 삶의 통치자라는 것을 고백하는 믿음이다. 많은 사람들이 내 삶의 주인은 '나 자신'이라고 이야기한다. 그러나 곰곰이 생각해보면 내 삶의 주인이 나 자신이 될 수 없다. 왜냐하면 내 삶의 주인이 정말 '나'라면 내게 일어나는 모든 일을 통제하고 주장할 수 있어야 하는데 그렇지 못하기 때문이다.

내가 내 삶의 주인이라고 하면서도, 내 머리에 나는 흰 머리카락 하나도 통제하지 못한다. 내 몸에 찾아오는 질병을 막을 수도 없고, 우리 삶에 일어나는 수많은 문제들을 스스로 해결할 수도 없고, 내가 원하는 대로 일으킬 수도 없다. 그러기에 우리는 우리 삶의 주인이 될 수 없다. 내 삶의 참된 주인은 오직 예수그리스도 한 분 뿐이다. 예수님만이 우리 삶의 주인이며, 우리는 그분의 통치 아래 그분의 다스림 가운데 살아야 하는 것이다. 사람이 자기의 마음대로 자기 삶을 주장하고 살아가면, 죄의 길로 갈 수밖에 없다. 원래 사람은 죄인이며, 의인은 없나니 하나도 없기 때문이다. 우리의 본성은 원래 악하고, 악한 본성을 하나님의 말씀으로 다스리지 않으면 악한 길에서 떠날 수가 없다. 오직 하나님의 말씀으로 내 안을 가득 채우고, 내삶의 수많은 선택의 문제와 주권을 예수님께 드리는 것이다. 예수님이 내 삶을 인도하시고, 그분이 인도하시는 삶을 살 때에만 우리는 참된 기쁨과 평안이 있다. 내가 내 삶의 주인이라 착각하고, 자신이 추구하는 가치를 따라 살아가다 보면, 참된 만족도, 기쁨도 없다. 언제나 채워지지 않는 허전함만 있을 뿐이다. 성공한 많은 사람들은 자신의 자리에서 성공만 하면 행복할 줄 알고 열심히 땀 흘리며 달려왔는데, 막상 목표에 도달하고 나니 행복하기 보다는 허무하다는 말을 많이 한다. 알 수 없는 공허함으로 방황하는 것이다.

파스칼은 사람에게는 저마다 마음에 작은 빈 공간이 있다고 한다. 이 빈 공간은 그 어떤 것으로 채울 수 없고, 오직 하나님만으로만 채울 수 있는 공간이라고 말했다. 그런데도 사람들은 그 공간에 자신이 가진 지식, 재물, 권력, 욕망, 성공으로 채우려고 노력한다. 그러나, 결코 채워지지 않는다.

우리 마음에는 오직 하나님만으로만 채울 수 있는 공간이 있다. 그분으로 충만하고, 그분으로 가득할 때 내 삶에 참된 만족과 행복이 있다. 참된 감사가 있는 것이다.

오늘도 우리를 사랑하시고, 내 삶을 가장 선하고 좋은 곳으로 인도하시기를 원하시는 하나님으로 충만한 삶을 살아가기를 소망한다.

"그런즉 깨어 있으라 너희는 그 날과 그 때를 알지 못하느니라"

(마태복음 25장 13절)

/ 말씀 되새김 /

1. 신랑을 맞이할 때 슬기로운 다섯처녀는 무엇을 준비하였나요?

....

....

....

2. 나는 예수님을 맞이하려면 무엇을 준비해야 하나요?

....

....

....

3. 믿음을 가지기 위해 할 수 있는 일은 무엇인지 써보세요.

....

....

....

V-3. 포도원 품꾼들

이와같이 나중된 자로서 먼저되고

마태복음 20장 16절

새가족부를 담당하면서 많은 새가족을 만나게 된다. 교회에 처음 오시는 새가족들은 다양한 이유와 다양한 사연을 가지고 오시는데, 그분들을 만나는 것이 내겐 참 기쁨이며 감사한 일이다.

새가족 가운데 잊혀지지 않는 한 분은 70세가 가까운 분이셨다. 20년 전에 교회 권사님 한 분이 너무도 친절하게 잘 대해주시고, 친하게 지내셨는데, 그때는 교회 가자고 얘기를 해도 본인이 별로 가고 싶지 않아서 안 갔다고 하시며 눈시울을 붉히시며 말씀하셨다. 그런데 20년이 지나서, 문득 교회에 가고 싶다는 마음이 들어서 한 집사님을 따라 교회 오셨다는 것이다. 20년 전에 따뜻하게 대해주신 그 권사님은 천국에 가셨고, 그분 생각이 나서 눈시울이 붉어진 것이다. 그때 교회 왔으면 좋았을 것을 너무 늦게 왔다며 후회를 하셨다. 물론 20년 전에 오셨다면 더 좋았겠지만, 지금이라도 하나님 곁으로 오셨으니 너무 잘하셨다고, 지금이 하나님이 부르신 가장 좋은 때라고 말씀드렸다. 절대로 늦은 것이 아니라 지금이 하나님을 만날 가장 좋은 때이며, 천국에 계신 권사님도 너무 기뻐하실 것이다. 20년이 지난 후에 열매를 거두는 기쁨은 얼마나 크겠는가! 하나님과 권사님께서 천국에서 잔치를 벌이고 있으실 것이다.

예수님은 하늘나라(천국)는 포도원에서 일한 일꾼을 고용하려고 이른 아침에 집을 나서는 포도원 주인과 같다고 비유하여 말씀하신다.

「"하늘나라(천국)는 자기 포도원에서 일한 일꾼을 고용하려고 이른 아침에 집을 나선 어떤 포도원 주인과 같다. 그는 품삯을 하루에 한 데나리온(한 데나리온은 노동자의 하루 품삯, 로마 화폐)으로 일꾼들과 합의하고, 그들을 자기 포도원으로 보냈다. 그리고서 아침 9시쯤에 나가서 보니, 사람들이 장터에 빈둥거리며 서 있었다. 그는 그들에게 말하기를 '여러분도 포도원에 가서 일을 하시오. 적당한 품삯을 주겠소' 하였다. 그래서 그들이 일을 하러 떠났다. 주인이 다시 12시와 오후 3시쯤에 나가서 그렇게 하였다. 오후 5시쯤에 주인이 또 나가 보니, 아직도 빈둥거리고 있는 사람들이 있어서, 그들에게 '왜 당신들은 온종일 이렇게 하는 일 없이 빈둥거리고 있소?'라고 물었다. 그들이 그에게 대답하기를 '아무도 우리에게 일을 시켜주지 않아서, 이러고 있습니다.' 하였다. 그래서 그는 '당신들도 포도원에 가서 일을 하시오' 하고 말하였다. 저녁이 되니, 포도원 맨 나중에 온 사람들부터 시작하여, 맨 먼저 온 사람들에게까지, 품삯을 치르시오' 하였다. 오후 다섯 시쯤부터 일을 한 일군들이 와서, 한 데나리온씩 받았다. 그런데 맨 처음(오전 9시)에 와서 일을 한 사람들은, 은근히 좀 더 받을 것이라고 생각하였는데, 그들도 한 데나리온씩을 받았다. 그들은 받고 나서, 주인에게 투덜거리며 말하였다.

'마지막에 온 이 사람들은 한 시간밖에 일하지 않았는데도, 찌는 더위 속에서 온종일 수고한 우리들과 똑같이 대우하였습니다.' 그러자 주인이 그들 가운데 한 사람에 말하기를 '이보시오, 나는 당

신을 부당하게 대한 것이 아니오, 당신은 나와 한 데나리온으로 합의하지 않았소?'

당신의 품삯이나 받아 가지고 돌아가시오. 당신에게 주는 것과 꼭 같이 이 마지막 사람에게 주는 것이 내 뜻이오. 내 것을 가지고 내 뜻대로 할 수 없다는 말이오? 내가 후하기 때문에, 그것이 당신 눈에 거슬리오?' 하였다. 이와 같이 꼴찌들이 첫째가 되고, 첫째들이 꼴찌가 될 것이다.(개역개정: 이와 같이 나중 된 자로서 먼저 되고 먼저 된 자로서 나중 되리라"」(마태복음 20장 1-16절, 새번역 성경)

포도원에 아침부터 저녁까지 할 일이 많은 것처럼 하나님 나라도 할 일은 참으로 많다. 주인이 아침 일찍부터 일꾼을 찾아 나서듯 하나님께서도 하나님 나라가 이 땅에 이루어지기 위해 일꾼을 찾아 나선다. 마태복음 9장 37절에서 추수할 것은 많은데 일꾼이 적다고 말씀하신 것처럼 하나님 나라 일꾼은 아직도 많이 필요하다. 이 비유에서 아침 일찍부터 나와 일한 일꾼들은 일찍 주님의 부르심을 받은 사람들이다. 어릴 때 일찍 부름 받아 일평생 주님을 섬긴 사람들은 참으로 귀하고 소중한 일꾼이다. 하나님께서는 이들의 진실하고 신실한 희생과 헌신을 기뻐하시고 귀하게 여기신다. 그런데 이 비유에서 더 중요한 포인트는 비록 늦게 부름을 받았을지라도 온몸을 바쳐 헌신한 일꾼들도 하나님은 귀하게 보신다는 것이다.

조금 더 일찍 왔더라면 좋았을 것을 후회하며 늦었다고 말씀하시는 70세 새가족 어르신을 우리 하나님은 더 소중하게 생각하시고, 그 누구보다 귀하게 여기실 것이다. 한 생명을 온 세상보다 소중하다고 말씀하시고, 존귀하다고 말씀하시는 분은 하나님이시기 때문이다.

"네 것이나 가지고 가라 나중 온 이 사람에게 너와 같이 주는 것이
내 뜻이니라 내 것을 가지고 내 뜻대로 할 것이 아니냐 내가
선하므로 네가 악하게 보느냐 이와 같이 나중 된 자로서
먼저 되고 먼저 된 자로서 나중 되리라" (마태복음 20장 14~16절)

/ 말씀 되새김 /

1. 내가 포도원 품꾼이라고 가정한다면, 나는 몇시에 일하러 포도원에 들어갔다고
   생각하는지 적어보세요

....

....

....

2. 포도원에서 일한 시간이 각각 다른데 왜 주인은 같은 품삯을 주었을까요?

....

....

....

3. 예수님이 포도원 주인이라고 생각한다면, 예수님은 오늘 나에게 품삯으로 무엇
   을 주실 것이라 기대하는지 적어보세요

....

....

....

V-4. 교회란 무엇인가

교회는 그리스도의 몸이라

에베소서 1장 23절

미국으로 이민을 떠난 장로님 한 분이 좋은 한인교회를 찾기 위해 22년 동안 108개 교회로 옮겨 다녔다는 이야기를 들은 적이 있다. 교회를 갈 때마다, 그 교회의 안 좋은 모습이나 고쳐야 할 점을 노트에 적고, 일정 시간이 지나면 실망해서 다음 교회로 옮겨가신다는 것이다. 그렇게 가는 교회마다 단점이나 약한 부분을 노트에 적으면서, 평균 2달에 1번꼴로 교회를 옮겨 다니시다가 마지막에 병으로 세상을 떠나셨는데, 교회 단점만 적혀있는 수첩이 남았다. 이 장로님은 아마도 자신이 생각하는 완벽한 교회, 흠이 없고 거룩하며 온전한 사랑으로 충만한 교회를 찾아 헤매셨는지 모른다. 그러나 결국은 그런 교회를 찾지 못하고 생을 마감하셨다. 중요한 것은 세상에 완벽한 교회는 없다. 전 세계 어디에 가더라도 완전한 교회는 없다. 사람도 마찬가지다. 세상에 완벽한 사람은 단 한 명도 없다. 우리는 모두 죄인이며, 허물과 약점을 가지고 있다. 이 세상에서 완전하고, 흠이 없는 사람은 단 한 사람도 없다. 많은 사람들이 교회에 와서, 예배를 드리고, 은혜를 받고 교회가 좋은 곳이라고 여겨 다니다가, 많은 경우 사람들 때문에 상처를 받고 교회를 떠나곤 한다. 예수님의 사랑은 좋으나, 사람으로 인해 상처를 받게 되면, 교회에 가기 싫어진다. 때로는 교회의 연약한 모습을 보게 되어 교회를 떠나는 경우도 있다. 그러나 그럴 때에 기억할 것은 우리 모두는 연약하다는 것이다. 나도 상처가 있고, 죄성이 있어서, 다른 사람을 힘들게 할 수도 있고, 다른 사람들도 자라면서 받은 아픔과 상처로 인해 나를 아프게 할 수 있다는 것을 인정해야 한다. 물론 교회 다니는 신앙인들이 더 많이 사랑하고, 더 많이 품어주어야 하는 것은 사실이나, 여전히 부족하고 연약한 사람들이 교회에 많다는 것을 인정해야 한다. 더구나 교회는 다양한 사람들이 모인 곳이다. 나이도 다르고, 직업, 고향, 취미, 성격..등등 정말 다양한 사람들이 예수님의 사랑 안에 모인 공동체이다. 그래서 나와 다른 사람, 내가 이해할 수 없는 사람들이 많을 수밖에 없다. 그럴 때, 우리는 나를 힘들게 하는 그 사람이나 나나 죄인임을 인정하고, 기억해야 한다.

한 가지 더 중요한 것은, 그렇게 사람 때문에 혹은 교회의 좋지 않은 모습을 보게 되어 교회를 떠나게 되는 데는 사람의 문제 넘어 사단의 존재가 있다는 것을 기억해야 한다. 하나님이 우리 눈에 보이지 않듯이 사단도 우리 눈에는 보이지 않지만 분명 존재한다. 우리가 하나님의 자녀로 살아가는 것을 가장 싫어하는 자는 사단이다. 끊임없이 우리를 하나님의 사랑 안에서 떼어 내기 위해 온갖 권모술수를 사용하는데, 가장 잘 사용하는 무기가 관계를 깨뜨리고, 교회의 약점을 드러내게 하는 것이다. 좋은 관계였던 사람들과 사이가 멀어질 때, 특히나 교회에서 그런 일이 일어날 때 우리는 먼저 그 배후에 사단이 있음을 기억해야 한다. 사단은 우는 사자와 같이 삼킬 자를 찾고 있는데, 이제 막 믿음 생활을 시작하는 새가족을 하나님과의 관계를 깨뜨리게 하기 위해 사람을 도구로 쓰는 것이다. 그럴 때, 우리는 하나님께 도움을 구해야 한다. 하나님께서 내 상한 마음을 고치시고, 예수님의 사랑으로 만지사 나의 상처에 집중하는 것이 아니라 하나님을 볼 수 있게 해달라고 기도해야 한다. 결코 나 혼자의 힘으로 그 상처를 이길 수 없다. 깨어진 관계를 넘어서기가 쉽지 않다. 사단은 너무도 교묘해서 우리의 약함을 알고 그것을 건드려서 넘어지게 하는 것이다. 그러나 걱정할 것이 없는 것은 예수님은 이미 사단을 이기고 승리하셨다. 예수님께 도움을 구할 때 우리도 사단을 이길 수 있다.

교회란 무엇인가? 한 마디로 정의를 하면 교회는 예수님을 믿는 사람들의 모임이다. 보이는 교회인 건물보다 예수님을 믿는 사람들이 모인 공동체가 중요한 것이다. 뿐만 아니라 우리는 예수님을 믿기로 결심한 후부터 우리 자신이 곧 교회이다. 왜냐하면 내 안에 예수님이 계시기 때문이다. 예수님을 내 안에 모신 나 자신이 교회이며, 예수님을 믿는 가정이 교회이며, 예수님의 이름으로 모인 모임이 곧 교회인 것이다.

중요한 것은 교회의 머리는 예수님이며, 교회는 몸이다. 신체 중 가장 중요한 곳은 머리이다. 예를 들어 손도 멀쩡하고 다리도 멀쩡한데, 뇌를 다치면, 우리는 손을 올릴수도 없고 걸을 수도 없다. 뇌의 신경계를 통하여 손을 들어 올리라고 명령을 내려야 하는데 그 명령을 내리지 못하기 때문이다. 몸은 머리가 지시하는 대로 따라가게 되어있다. 마찬가지로, 교회의 머리는 예수 그리스도이다. 예수님이 지시하는 대로 교회인 우리가 따라가는 것이다. 예수님은 거룩하시고 흠이 없으시며, 완전하시지만, 교회는 그렇지 못하다.

앞서 말한 것 같이 죄인들이 모인 것이기 때문이다. 그래서 완전하지는 않지만 더 좋은 교회가 되기 위해 노력할 뿐이다.

어떤 교회가 좋은 교회인가? 질문할 때 머리되신 예수님을 따라가고자 노력하는 교회가 좋은 교회이다. 예수님이 말씀하신 말씀대로 살아내려고 부단히 애를 쓰며, 교회의 주인이 예수님이 되는 교회가 좋은 교회인 것이다. 교회가 몸이라고 할 때, 교회 성도들은 몸의 각 지체를 하나씩 담당한다고 볼 수 있다. 예를 들어 어떤 사람은 팔, 어떤 사람은 다리, 어떤 사람은 눈 역할을 담당하는 것이다. 머리 되신 예수님이 주인이 될 때, 모든 지체는 그 예수님 안에서 하나가 될 수 있다. 지체는 각자의 생각이 있고, 주장이 있어도 예수님의 지시에 따라 움직일 때 몸으로서 하나의 공동체가 될수 있는 것이다. 예를 들어 팔은 오른쪽으로 가려고 하고, 다리는 왼쪽으로 가려고 서로 다툰다면, 어떻게 한 몸이 될 수 있겠는가? 한 몸은 예수님 안에서, 그분의 뜻에 순종함으로 하나가 되는 것이다.

우리가 교회라면, 예수님이 말씀하시는 대로 따라가려고 노력하며, 예수님이 주인되는 인생을 사는 우리가 되어야 한다. 우리 인생의 주인이 내가 아니라는 것을 늘 기억해야 한다. 내가 하고 싶은 것, 내가 원하는 삶을 추구하는 것이 아니라, 예수님이 원하시는 삶, 예수님이 나를 통해 하시고 싶어하는 삶을 살아내는 것이 참된 그리스도인이다. 그 안에 참된 행복이 있는 것이다. 내가 원하는 삶, 하고 싶은 대로 다 하면 행복할 것 같지만 그 행복은 잠시이며, 공허함만 남게 된다. 우리 영혼의 참된 만족은 예수님 안에 거할 때에 가능하다. 그분이 이끄시는 삶을 살 때 참 행복을 누리게 된다. 금붕어가 어항 속이 너무 갑갑하다고 자유를 찾기 위해 어항 밖을 떠난다면 어떻게 될까? 그곳은 참 행복이 있는 곳이 아니라 죽음이 기다리는 곳이다, 때로는 갑갑하게 여겨지더라도 어항 속이 참 자유를 누리는 곳이며, 참 행복이 있는 곳이다. 때로는 예수님 안에 있는 것이 속박되는 것처럼 보이나, 예수 안에서 우리 삶을 살 때 참된 자유와 기쁨을 누릴 수 있다. 참 진리가 주는 자유를 누리게 되는 것이다. 세상의 완벽한 교회, 완전한 사람을 찾아다니는 것이 아니라 더 좋은 교회, 더 좋은 성도가 되기 위해 노력해야 할 때이다.

「하나님께서는 만물을 그리스도의 발 아래에 굴복시키시고, 그분을 만물 위에 교회의 머리로 삼으셨습니다.

교회는 그리스도의 몸이요, 만물 안에서 만물을 충만케 하시는 분의 충만함입니다.

여러분도 전에는 범죄와 죄로 죽었던 사람들입니다.

그 때에 여러분은 범죄와 죄 가운데서 이 세상의 풍조를 따라 살고, 공중의 권세를 잡은 통치자, 곧 지금 불순종의 자식들 가운데서 역사하는 영을 따라 살았습니다.

우리도 전에는 그들 가운데서 모두 육신의 정욕대로 살고, 육신과 마음이 바라는 대로 행하여, 다른 사람들과 마찬가지로 날 때로부터 진노의 자식이었습니다.

그러나 하나님은 자비가 넘치는 분이셔서, 우리를 사랑하신 그

큰 사랑으로,

범죄로 죽었던 우리를 그리스도와 함께 살려 주셨습니다. 여러분은 은혜로 구원을 받았습니다.

하나님께서 그리스도 예수 안에서 우리를 그분과 함께 살리시고, 하늘에 함께 앉게 하셨습니다.

그것은, 하나님께서 그리스도 예수 안에서 우리에게 자비로 베푸신 그 은혜가 얼마나 풍성한지를, 앞으로 올 모든 세대에게 드러내 보이시려는 것입니다.

여러분은 믿음으로 말미암아 은혜로 구원을 받았습니다. 이것은, 여러분에게서 난 것이 아니요, 하나님의 선물입니다.

구원이 행위에서 난 것이 아님은, 아무도 그것을 자랑할 수 없게 하려고 하시는 것입니다.

우리는 하나님의 작품입니다. 선한 일을 하게 하시려고, 하나님께서 그리스도 예수 안에서 우리를 만드셨습니다. 하나님께서 이렇게 준비하신 것은, 우리가 선한 일을 하면서 살아가게 하시려는 것입니다.

그러므로 여러분은 지난날에 육신으로는 이방 사람이었다는 사실을 생각하십시오. 손으로 육신에다가 행하는 '할례를 받은 사람'이라고 일컫는 사람들이, 여러분을 '무할례자'라고 일컬었습니다.

그 때에 여러분은 그리스도와 상관이 없었고, 이스라엘 시민권에서 제외되어서, 약속의 언약에서는 외인으로서, 세상에서 아무 소망도 없이, 하나님도 없이 살았습니다.

여러분이 전에는 하나님에게서 멀리 떨어져 있었으나, 이제는 그리스도 예수 안에서 그분의 피로 하나님께 가까워졌습니다.」 (에베소서 1장 22절- 2장 13절, 새번역성경)

"또 만물을 그의 발 아래에 복종하게 하시고
그를 만물 위에 교회의 머리로 삼으셨느니라
교회는 그의 몸이니 만물 안에서 만물을 충만하게 하시는
이의 충만함이니라"(에베소서 1장 22-23절)

/ 말씀 되새김 /

1. 이 땅에 수많은 교회들이 있는데, 이단을 제외한 정통 교회에서 문제들이 발생하는 이유가 무엇이라 생각하나요?

_____

_____

_____

2. 연약한 우리 자신과 가정, 교회에 예수님이 필요한 이유는 무엇인가요?

_____

_____

_____

3. 교회의 부정적인 모습을 보았거나, 사람들로 상처를 받을 때 우리는 어떻게 이해하면 좋을지 써보세요.

_____

_____

_____

V-5. 인생의 최종 목적지

그 후에는 심판이 있으리니

히브리서 9장 27절

지하철을 타고 가고 있는데, 다른 사람들은 자신들이 내 릴 역을 알고 내리는데, 내가 어디서 내려야하는지를 모른다면 나는 불안과 두려움에 휩싸이게 될 것이다. 우리는 인생이라는 지하철을 타고 가고 있다. 그런데 많은 사람들은 자신이 내려야 할 곳, 인생의 최종 목적지가 어디인지 몰라서 불안해하고 염려한다. 이 세상의 종착역은 죽음이다. 우리는 우리 인생의 성공을 위해서, 또는 가정을 위해서 열심히 일하고 공부하고 애를 쓰지만, 결국은 죽음을 향해 달려간다. 세상의 모든 사람은 죽는다. 진시황이 불로초를 먹고 영원히 살 것을 기대하였지만, 결국은 죽었다. 많이 가진 자나, 적게 가진 자나, 건강한 자나 병든 자나, 지식이 많은 자나 적은 자나, 권력을 가진 자나 가지지 못한 자나 모두 죽는다. 이것은 불변의 진리이다.

모든 사람은 죽게 되어있다. 그런데 사람들은 이 땅에서 죽으면 끝이지 다른 것은 없다고 한다. 이 땅의 삶이 전부인지 알고, 이 땅에서 많은 것을 누리려고 애를 쓰지만, 그렇게 누리고 사는 삶에도 늘 불안해하고, 평안을 얻지 못한다. 자신이 하고 싶은 것을 마음껏 하고 살아가는데도 알 수 없는 공허함과 허무함, 두려움이 찾아온다.

사람은 본래 죄인이라서, 그가 하고 싶은 대로 살고, 원하는 대로 살면 죄를 짓는다. 그런 후에는 죄책감 때문에 염려하고 불안해하며 두려워한다.

아이들을 키울 때에 하고 싶은 것 다 하도록 허용하고, 잘못된 것을 수정해주지 않으면 그 아이의 인생은 결코 행복한 삶을 누릴 수 없다. 너무 많은 것을 하도록 허용한 것이 그 아이에게는 도리어 독이 될 수 있기 때문이다.

이 땅에 살다가 죽으면 모든 것이 끝날 것이라고 생각하지만 결코 그렇지 않다. 죽음 이후에 하늘에서 맞이하는 심판이 있고, 심판 후에는 지옥과 천국의 길이 있다. 성경은 우리에게 분명하게 이야기한다. 한 번 죽는 것은 사람에게 정해진 것이며, 그 이후에는 심판이 있다.

「사람이 한 번 죽는 것은 정한 일이요, 그 뒤에는 심판이 있습니다.

이와 같이, 그리스도께서도 많은 사람의 죄를 짊어 지시려고, 한 번 자기의 몸을 제물로 바치셨고, 두 번째로는 죄와는 상관 없이, 자기를 기다리고 있는 사람들에게 나타나셔서 구원하실 것입니다.」
(히브리서 9장 27-28절, 새번역 성경)

이 세상에 의인은 없으니 하나도 없다고 말한다. 우리는 모두 심판을 받고 멸망할 수밖에 없는 죄인이나, 우리를 죄에서 구하기 위해 우리를 대신해서 예수님(그리스도)이 십자가에서 죽으셨다. 우리의 죄값을 예수님이 대신 지불하셨기 때문에 우리는 더 이상 죄에 대한 심판을 받을 필요가 없다. 예수 그리스도를 주인으로 모시고, 그분과 함께 살아갈 때에 나는 깨끗해지고, 정결해지며, 의로운 자가 된다. 예수님을 믿기만 하면 천국의 소망을 누리게 된다.

믿음은 하나님께서 주시는 선물이다. 그래서 다른 어떤 것도 필요하지 않다. 값없이 얻는 것이다. 내 마음에 예수님을 모시기만 하면 된다. 믿기만 하면, 하나님의 자녀가 되고, 예수님의 보혈로 깨끗하게 씻음 받아서 죄에서 자유케 되는 역사, 구원받는 은혜를 누리게 된다. 그런데 이게 참 쉽지가 않다. 내 의지대로 되는 것도, 내가 '믿습니다 믿습니다' 크게 외치고 다짐한다고 되는 것이 아니기 때문이다. 믿음은 하늘로부터 내려오는 하나님의 선물이다. 내가 믿는 것 같지만, 하나님께서 믿음을 주셔야 비로소 하나님을 믿게 되고, 예수님을 내 삶의 주인으로 받아들이게 된다.

교회 처음 왔는데도 목사님의 설교를 들을 때 그 말씀이 진리이며, 삶에서 받아들여지는 사람이 있는가 하면, 어떤 사람은 10년을 교회 다녀도, 말씀이 진짜인가? 왠지 믿음이 안 간다며 의심하는 사람도 있다. 그러기에 우리는 하나님께 믿음을 구할 수밖에 없다. 믿음은 하나님의 선물이기 때문이다.

하나님께서는 지금도 살아계시고, 우주만물을 운행하시며, 우리의 인생을 주관하시고 인도하신다. 그분은 천지가 창조되기 전에 계셨고, 지금도 살아계시며, 앞으로도 영원히 계시는 분이시다. 하나님은 그 아들 예수님을 이 땅에 보내셔서 세상의 모든 죄인을 구원하시기로 계획하시고, 소망하시는 분이다. 그 아들 예수님을 믿는 자는 누구든지, 노인이나 아이나, 가난한 자나 부자나, 병든 자나 건강한 자나, 힘이 있는 자나 없는 자나, 모두 죄에서 벗어나 의롭게 된다. 단순한 것 같은 이 진리를 깨닫는 자는 천국을 소유하고, 이 땅에서 천국과 같은 기쁨과 평안을 누리며 살게 된다. 그러나 이것을 깨닫지 못하고 믿지 못하는 자는, 죽음 이후에 지옥에 갈 뿐 아니라, 이 땅에서도 참된 쉼과 평안을 누리지 못하고 지옥과 같은 삶을 산다.

누구든지 예수님을 믿고 천국을 누리며 살기를 원하는 분은 다음의 기도를 따라서 읽어보라. 그는 하나님의 자녀가 되고 구원받은 자가 된다.

마음에 진실로 원하는 분만 조용히 기도문을 읽기를 바란다.

하나님, 저는 죄인입니다. 예수님께서 저를 사랑하셔서 저의 죄를 대신 지고 십자가에 못 박혀 죽으시고 부활하신 사실을 믿고 감사드립니다. 이제 예수님을 나의 구주로 믿고 제 마음에 모셔 들입니다. 제 마음에 들어오셔서 제 삶을 인도해 주소서. 예수님의 이름으로 기도합니다. 아멘.

"한번 죽는 것은 사람에게 정해진 것이요
그 후에는 심판이 있으리니"

(히브리서 9장 27절)

/ 말씀 되새김 /

1. 내 인생의 최종 목적지는 어디일까요?

....

....

....

2. 하나님이 살아계셔서 지금도 나와 함께 하신다는 사실을 믿습니까?

....

....

....

3. 기도문을 읽을 때 어떤 느낌이 들었는지 적어보세요

....

....

....